国家基本职业培训包（指南包 课程包）

装配式建筑施工员

人力资源社会保障部职业能力建设司编制

中国劳动社会保障出版社

图书在版编目（CIP）数据

装配式建筑施工员 / 人力资源社会保障部职业能力建设司编制. -- 北京：中国劳动社会保障出版社，2021

（国家基本职业培训包：指南包 课程包）

ISBN 978-7-5167-4896-1

Ⅰ. ①装… Ⅱ. ①人… Ⅲ. ①装配式构件－建筑施工－职业培训－教学参考资料 Ⅳ. ①TU3

中国版本图书馆CIP数据核字（2021）第157049号

中国劳动社会保障出版社出版发行

（北京市惠新东街 1 号 邮政编码：100029）

*

三河市华骏印务包装有限公司印刷装订 新华书店经销

880 毫米 ×1230 毫米 16 开本 11.25 印张 199 千字

2021 年 9 月第 1 版 2021 年 9 月第 1 次印刷

定价：35.00 元

读者服务部电话：（010）64929211/84209101/64921644

营销中心电话：（010）64962347

出版社网址：http://www.class.com.cn

编 制 说 明

为全面贯彻落实习近平总书记对技能人才工作的重要指示精神，进一步增强职业技能培训针对性和有效性，不断提高培训质量，培养壮大创新型、应用型、技能型人才队伍，按照《人力资源社会保障部办公厅关于推进职业培训包工作的通知》（人社厅发〔2016〕162号）的工作安排，我部持续组织开发培训需求量大的国家基本职业培训包，指导开发地方（行业）特色职业培训包，力争全面建立国家基本职业培训包制度，普遍应用职业培训包高质量开展各类职业培训。

职业培训包开发工作是新时期职业培训领域的一项重要基础性工作，旨在形成以综合职业能力培养为核心、以技能水平评价为导向，实现职业培训全过程管理的职业技能培训体系，这对于进一步提高培训质量，加强职业培训规范化、科学化管理，促进职业培训与就业需求的有效衔接，推行终身职业培训制度具有积极的作用。

国家基本职业培训包由指南包、课程包和资源包三个子包构成，是集培养目标、培训要求、培训内容、课程规范、考核大纲、教学资源等为一体的职业培训资源总和，是职业培训机构对劳动者开展政府补贴职业培训服务的工作规范和指南。

国家基本职业培训包遵循《职业培训包开发技术规程（试行）》的要求，依据国家职业技能标准和企业岗位技术规范，结合新经济、新产业、新职业发展编制，力求客观反映现阶段本职业（工种）的技术水平、对从业人员的要求和职业培训教学规律。

《国家基本职业培训包（指南包　课程包）——装配式建筑施工员》是在各有关专家的共同努力下完成的。参加编审的主要人员有青宁、蒋赛百、杨峻磊、陈瑞波、张荣辰、冯睿、申作伟、申建、苏磊、王磊、刘岚、孙超、张蓓、陈硕、贾生广、鲁闻君、宋培培等，主审人员有张树辉、李传运、刘立明、王启玲、贾文杰、石玉仁、吴林、王克富、王希建、王健、肖艳萍、李明珂、冯鹏等，在编制过程中得到了山东城市建设职业学院、山东大卫国际建筑设计有限公司、丝路培文职业教育咨询（北京）有限公司、中诚祥建设集团有限公司、北京建谊投资发展（集团）有限公司、同圆设计集团有限公司、山东万斯达建筑科技股份有限公司、山东省建设建工（集团）有限责任公司、中铁十四局集团建筑工程有限公司、中建科技（济南）有限公司、山东明睿达新技术研究院有限公司、湖南城建职业技术学院、济南工程职业技术学院以及山东省住房和城乡建设厅、济南市住房和城乡建设局等有关单位的大力支持，在此一并致谢。

人力资源社会保障部职业能力建设司

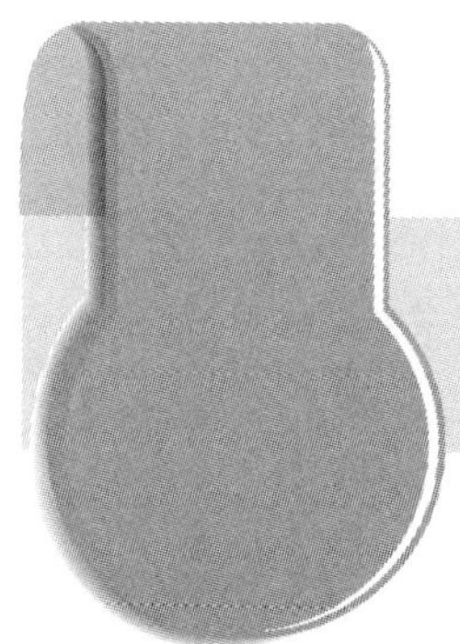

目录

1 指南包

2 课程包

1 指南包

1.1 职业培训包使用指南

1.1.1 职业培训包结构与内容

装配式建筑施工员职业培训包由指南包、课程包、资源包三个子包构成，结构如图 1 所示。

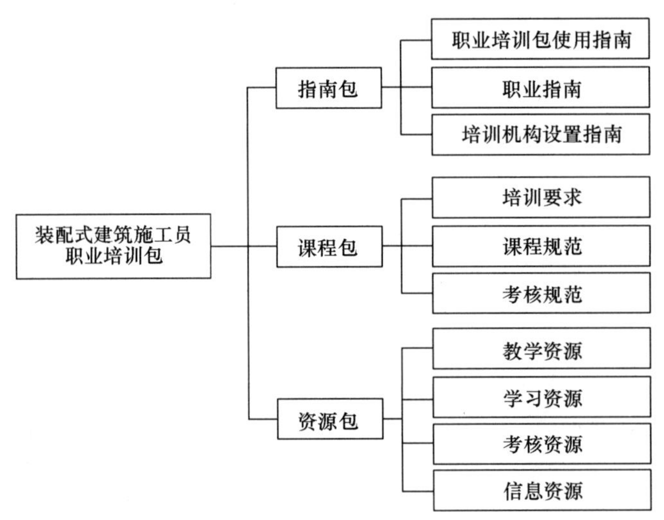

图 1　职业培训包结构图

指南包是指导培训机构、培训教师与学员开展职业培训的服务性内容总合，包括职业培训包使用指南、职业指南和培训机构设置指南。职业培训包使用指南是培训教师与学员了解职业培训包内容、选择培训课程、使用培训资源的说明性文本；职业指南是对职业信息的概述；培训机构设置指南是对培训机构开展职业培训提出的具体要求。

课程包是培训机构与教师实施职业培训、培训学员接受职业培训必须遵守的规范总合，包括培训要求、课程规范、考核规范。培训要求是参照国家职业技能标准、结合职业岗位工作实际需求制定的职业培训规范；课程规范是依据培训要求、结合职业培训教学规律，对课程设置、课堂学时、课程内容与培训方法等所做的统一规定；考核规范是针对课程规范中所规定的课程内容开发的，能够科学评价培训学员过程性学习效果与终结性培训成果的规则，是客观衡量培训学员职业基本素质与职业技能水平的标准，也是实施职业培训过程性与终结性考核的依据。

资源包是依据课程包要求，基于培训学员特征，遵循职业培训教学规律，应用先进职业培训课程理念，开发的多媒介、多形式的职业培训与考核资源总合，包括教学资源、学习资源、考核资源和信息资源。教学资源是为培训教师组织实施职业培训教学活动提供的相关资源；学习资源是为培训学员学习职业培训课程提供的相关资源；考核资源是为培训机构和教师实施职业培训考核提供的相关资源；信息资源是为培训教师和学员拓宽视野提供的体现科技进步、职业发展的相关动态资源。

1.1.2 培训课程体系介绍

装配式建筑施工员职业培训课程体系依据职业技能等级分为职业基本素质培训课程、五级 / 初级职业技能培训课程、四级 / 中级职业技能培训课程、三级 / 高级职业技能培训、二级 / 技师职业技能培训和一级 / 高级技师职业技能培训课程，每一类课程包含模块、课程和学习单元三个层级。装配式建筑施工员职业培训课程体系均源自本职业培训包课程包中的课程规范，以学习单元为基础，形成职业层次清晰、内容丰富的“培训课程超市”。

装配式建筑施工员职业培训课程学时分配一览表

职业技能等级	课堂学时		其他学时	培训总学时
	职业基本素质培训课程	职业技能培训课程		
五级 / 初级	60	80	20	160
四级 / 中级	40	110	30	180
三级 / 高级	30	80	30	140
二级 / 技师	20	60	30	110
一级 / 高级技师	10	60	30	100

注：课堂学时是指培训机构开展理论课程教学及实操课程教学的建议最低学时数，其中职业基本素质培训课程为理论知识培训课程，职业技能培训课程包括理论知识培训课程和操作技能培训课程。除课堂学时外，培训总学时还应包括岗位实习、现场观摩、自学自练等其他学时。

（1）职业基本素质培训课程

模块	课程	学习单元	课堂学时
1. 职业认知与职业道德	1–1　职业认知	职业认知	1
	1–2　职业道德基本知识	道德与职业道德	1
	1–3　职业守则	职业守则	1

续表

模块	课程	学习单元	课堂学时
2. 建筑施工基础知识	2–1 建筑材料基础知识	建筑材料基本知识	2
	2–2 建筑识图基础知识	建筑工程识图基本知识	4
	2–3 建筑构造基础知识	建筑构造基本知识	4
	2–4 建筑结构基础知识	建筑结构基本知识	4
	2–5 建筑工程造价基础知识	工程造价基本知识	2
	2–6 建筑工程测量基础知识	（1）测量的基本工作	1
		（2）施工控制测量的知识	2
		（3）建筑变形观测的知识	1
	2–7 建筑工程施工基础知识	（1）地基与基础工程施工	2
		（2）砌体工程施工	2
		（3）钢筋混凝土工程施工	2
		（4）钢结构工程施工	2
		（5）防水工程施工	1
		（6）装饰装修工程施工	1
	2–8 装配式建筑简介	（1）装配式建筑概述	1
		（2）装配式建筑分类	1
3. 节能与环保知识	3–1 节能常识	建筑节能基本知识	1
	3–2 建筑新技术、新能源知识	（1）建筑新技术	1
		（2）建筑新能源	1
4. 建筑施工安全知识	4–1 分项工程安全生产的基本要求	分项工程安全生产知识	4
	4–2 施工机械的安全使用	施工机械的安全使用	4
	4–3 工地防火与防爆知识	工地防火与防爆知识	2
	4–4 拆除工程的安全技术	拆除工程的安全技术	2
5. 岗位管理相关知识	5–1 施工项目现场管理知识	施工项目现场管理知识	1
	5–2 施工项目技术管理知识	施工项目技术管理知识	1
	5–3 施工项目质量管理知识	施工项目质量管理知识	2
6. 相关法律、法规知识	相关法律、法规知识	建筑施工法律、法规知识	2
7. 相关技术标准、规程知识	相关技术标准、规程知识	建筑施工技术标准、规程知识	4
课堂学时合计			60

注：本表所列为五级 / 初级职业基本素质培训课程，其他等级职业基本素质培训课程按照“装配式施工员职业培训课程学时分配一览表”中相应的课堂学时要求进行必要的调整。

（2）五级 / 初级职业技能培训课程

模块	课程	学习单元	课堂学时
1. 装配式建筑图识读	1–1　建筑图集识读	（1）建筑施工图图集识读	2
		（2）结构施工图图集识读	2
		（3）设备施工图图集识读	2
	1–2　建筑图识读	（1）基础的建筑图识读	1
		（2）基础的结构图识读	1
		（3）基础的设备图识读	1
2. 构件生产养护与存放、运输	2–1　模具准备	（1）模具选择	2
		（2）模具清理、养护	2
		（3）模具脱模剂涂刷	2
	2–2　钢筋绑扎与预埋件预埋	（1）钢筋作业准备	1
		（2）钢筋及预埋件存放	2
		（3）钢筋摆放与绑扎	3
		（4）工完料清操作	1
	2–3　构件浇筑	（1）浇筑材料与机具准备	2
		（2）工完料清操作	2
	2–4　构件脱模养护	（1）养护构件入库、出库操作	2
		（2）构件脱模操作	3
		（3）工完料清操作	1
	2–5　成品构件存放与运输	（1）构件的直立及水平存放操作	2
		（2）成品构件装车与摆放	2
3. 装配式建筑工程施工	3–1　构件装配前准备	（1）施工进场准备	1
		（2）成品保护准备	2
		（3）清点构件数量	1
		（4）安全防护用具准备	1
		（5）施工机具准备	3
		（6）预制构件准备	2
		（7）构件连接材料准备	2
		（8）其他配件及辅料准备	2

续表

模块	课程	学习单元	课堂学时
3. 装配式建筑工程施工	3-2 构件的吊装	（1）清理吊装前的工作面	1
		（2）辅助构件挂钩及试吊	2
		（3）协助将构件吊落至指定位置	6
		（4）协助拆除临时支撑与限位装置	2
		（5）工完料清操作	1
	3-3 灌浆连接	（1）灌浆作业面清理	2
		（2）灌浆接缝边沿封堵	2
		（3）工完料清操作	1
	3-4 后浇连接	（1）结合面清理	1
		（2）后浇构件的预埋件安装准备	2
		（3）后浇构件的钢筋连接和绑扎准备	2
		（4）墙板间后浇段模板支设	4
		（5）协助拆除模板、斜支撑、楼面支撑	3
		（6）工完料清操作	1
课堂学时合计			80

（3）四级/中级职业技能培训课程

模块	课程	学习单元	课堂学时
1. 装配式建筑图识读与深化	1-1 装配式建筑图识读	（1）装配式建筑平面图识读	2
		（2）装配式建筑立面图识读	2
		（3）装配式建筑剖面图识读	2
		（4）装配式钢筋混凝土结构体系识读	2
		（5）装配式钢结构体系识读	2
		（6）装配式木结构体系识读	2
	1-2 装配式建筑施工图的深化	（1）相关专业的预埋件设置	1
		（2）相关专业的预留孔洞设置	1
		（3）构件的吊装、运输设计	1

续表

模块	课程	学习单元	课堂学时
1. 装配式建筑图识读与深化	1-3 构件拆分与详图设计	（1）钢筋锚固、搭接长度确定	1
		（2）预制梁节点处钢筋的碰撞问题处理	1
		（3）预制柱节点处钢筋的碰撞问题处理	1
2. 构件生产养护与存放、运输	2-1 模具组装、校准	（1）模具组装	2
		（2）模具组装前校准	1
		（3）模具组装后校准	1
	2-2 钢筋绑扎与预埋件预埋	（1）钢筋加工	2
		（2）钢筋连接	2
		（3）预埋件固定	1
		（4）预留孔洞临时封堵	1
	2-3 构件浇筑	（1）上料准备	2
		（2）物料计量	2
		（3）混凝土制备	2
		（4）混凝土浇筑操作	2
		（5）混凝土振捣操作	2
	2-4 构件养护	（1）正确选择各类构件养护方式与养护时间	2
		（2）控制构件养护条件和监测养护状态	2
	2-5 成品构件存放与运输	（1）按照成品构件种类、规格和应用项目不同进行分类标识	1
		（2）外露金属件的防腐、防锈	1
3. 装配式建筑工程施工	3-1 施工准备	（1）构件现场堆放	2
		（2）施工机具检查与调试	3
		（3）施工机具维护和保养	2
		（4）构件装配工程质量自检	1
		（5）构件装配的测量、放线与定位	2

续表

模块	课程	学习单元	课堂学时
3. 装配式建筑工程施工	3–2 构件吊装	（1）预埋件、预埋管道、限位装置等的预埋 / 预留	2
		（2）构件与吊具的连接	1
		（3）安全起吊构件，吊装就位	6
		（4）竖向构件定位、垂直度、标高校正	1
		（5）水平构件位置、标高校正	1
		（6）外围护构件校正	1
	3–3 临时支撑及限位装置的搭设与拆除	（1）搭设斜向、竖向支撑及限位装置	2
		（2）校正斜向、竖向支撑及限位装置的位置	2
		（3）临时支撑及限位装置拆除	2
	3–4 构件灌浆连接	（1）灌浆前结合面检查	
		（2）灌浆料制备与留置	4
		（3）套筒灌浆的坐浆及灌浆操作	4
		（4）灌浆后保护	1
	3–5 后浇混凝土连接	（1）构件连接前的结合面检查	1
		（2）竖向构件间节点钢筋连接施工	1
		（3）竖向构件与水平构件间节点钢筋连接施工	1
		（4）水平构件间节点钢筋连接施工	1
		（5）预埋件、预埋管道、预埋螺栓的安装	3
		（6）竖向构件间节点模板与支架的搭设与拆除	2
		（7）竖向构件与水平构件间节点模板与支架的搭设与拆除	1

续表

模块	课程	学习单元	课堂学时
3. 装配式建筑工程施工	3-5　后浇混凝土连接	（8）水平构件间节点模板与支架的搭设与拆除	1
		（9）预制 PCF 板[①]节点模板与支架的搭设与拆除	1
		（10）混凝土浇筑振捣	1
		（11）构件浆锚连接、螺栓连接、焊接连接	1
		（12）构件安装缝防水施工	1
	3-6　部品及细部工程施工	（1）装配式内隔墙施工	1
		（2）装配式内墙面施工	1
		（3）装配式吊顶施工	1
		（4）装配式楼地面施工	1
		（5）装配式内门窗施工	1
		（6）厨卫部品施工	3
		（7）细部工程施工	1
	3-7　装配率计算与装配式建筑评价	（1）预制部品、部件的装配率计算	1
		（2）装配式建筑评价及优化配置	2
课堂学时合计			110

（4）三级 / 高级职业技能培训课程

模块	课程	学习单元	课堂学时
1. 装配式建筑图识读与深化	1-1　装配式建筑图识读	（1）钢筋放样图识读	2
		（2）模具总装图识读	2
		（3）按照装配式建筑施工图进行现场建筑布置图优化	2
		（4）按照装配式建筑施工图进行现场结构布置图优化	2
	1-2　预制构件连接节点的深化	（1）粗糙面、键槽的设定数量及位置	2
		（2）灌浆套筒、螺栓等相关连接构件的类型及型号选择	2

① PCF板：precast concrete facade panel，预制混凝土外挂墙板。

续表

模块	课程	学习单元	课堂学时
2. 构件生产	2-1　生产工艺设计	（1）预制构件物料清单编制	2
		（2）构件制作工艺方案设计	2
		（3）构件制作工艺方案的选择与优化	2
		（4）钢筋配料与代换	2
		（5）成品构件出厂相关资料检查	1
	2-2　构件浇筑	（1）构件原材料用量计算和配置	3
		（2）主持较复杂构件的浇筑生产，进行工艺运行调整	4
		（3）混凝土浇筑质量控制与验收	2
	2-3　构件养护与脱模	（1）隐蔽工程的质量检查	1
		（2）隐蔽工程质量缺陷修复	1
		（3）构件质量验收	2
3. 装配式建筑工程施工	3-1　施工准备	（1）生产和施工所需各类原材料进场验收	2
		（2）生产和施工所需配件进场验收	2
		（3）构件进场协调并优化物流运输方案	1
		（4）施工机具选用与核对	1
	3-2　现场施工与管理	（1）组织室内部品施工	2
		（2）装配式室内部品施工管理	2
		（3）优化前期方案	3
		（4）工序交接技术交底	2
		（5）机电管线一体化设计、施工协调	2
	3-3　质量检查与其他措施的应用	（1）构件装配质量检查	2
		（2）构件修复	2
		（3）制定冬季施工方案及措施	2
		（4）施工现场安全环保管理	1

续表

模块	课程	学习单元	课堂学时
4. 装配式建筑工程质量验收	4-1 预制构件的质量验收	（1）预制构件的数量及型号验收	1
		（2）预制构件的外观质量验收	2
		（3）预制构件的外形、尺寸精度检验	2
		（4）预制构件的结构性能检验	3
	4-2 节点连接质量验收	（1）构件的临时固定措施验收	2
		（2）节点连接质量验收	2
		（3）后浇混凝土质量验收	3
		（4）浆料质量验收	3
	4-3 部品及细部工程施工质量验收	（1）部品施工质量验收	2
		（2）细部工程施工质量验收	2
课堂学时合计			80

（5）二级 / 技师职业技能培训课程

模块	课程	学习单元	课堂学时
1. 装配式建筑图识读与深化	1-1 装配式建筑图识读	（1）根据装配式建筑施工图进行构件的现场施工顺序设计	2
		（2）根据施工图确定所需深化的构件及节点	4
	1-2 装配式建筑构件深化	（1）水平构件的深化	2
		（2）竖向构件的深化	2
		（3）关键节点的深化	4
2. 施工组织与管理	2-1 生产与施工管理	（1）主持一般的装配式工程施工	4
		（2）施工物资、资料管理	1
		（3）施工材料、构件现场管理	1
		（4）复核施工机具、临时支撑	4
		（5）关键工序质量控制	4

续表

模块	课程	学习单元	课堂学时
2. 施工组织与管理	2–2　隐蔽工程质量验收	（1）钢筋作业质量验收	3
		（2）结合面、预埋件、预留管线施工质量验收	3
		（3）灌浆套筒连接、浆锚搭接接头核验及外观质量验收	3
		（4）预制构件的焊接连接、螺栓连接核验及外观质量验收	3
3. “四新”应用	3–1　构件生产“四新”及信息技术应用	（1）构件生产“四新”及其应用	4
		（2）运用信息技术进行构件生产及生产管理	6
	3–2　装配施工“四新”及信息技术应用	（1）装配施工“四新”及其应用	2
		（2）优化施工管理手段	2
4. 培训与指导	4–1　理论培训	理论培训	3
	4–2　操作指导	操作技能指导	3
课堂学时合计			60

（6）一级 / 高级技师职业技能培训课程

模块	课程	学习单元	课堂学时
1. 技术创新	1–1　构件生产技术创新	（1）预制构件生产过程模拟及方案优化	8
		（2）构件生产设备改进与创新	8
	1–2　装配施工技术创新	（1）优化、革新装配施工机具、施工工艺	6
		（2）优化施工管理手段	4
2. 装配式建筑项目管理	2–1　施工工艺管理	（1）施工工艺规程编制	4
		（2）按施工组织计划组织施工	4
	2–2　质量管理	（1）装配式建筑施工常见质量问题处理及防范	4
		（2）质量分析与控制	2
		（3）质量保障制度的制定与实施	2
	2–3　安全管理	（1）装配式建筑施工安全风险管理	3
		（2）分析安全管理存在问题的原因，并提出安全管理建议	3

续表

模块	课程	学习单元	课堂学时
2. 装配式建筑项目管理	2-4 信息技术应用	(1) 利用物联网平台进行质量全过程追溯	2
		(2) 建立信息化协同工作机制，实现信息共享	4
3. 培训与指导	3-1 理论培训	理论培训教学文件的编制	4
	3-2 操作指导	实训指导文件的编制	2
课堂学时合计			60

1.1.3 培训课程选择指导

职业基本素质培训课程为必修课程，相当于本职业的入门课程。各级别职业技能培训课程由培训机构教师根据培训学员实际情况，遵循高级别涵盖低级别的原则进行选择。

原则上，初入职的培训学员应学习职业基本素质培训课程和五级 / 初级职业技能培训课程的全部内容，有职业技能等级提升需求的培训学员，可按照国家职业技能标准的“鉴定要求”，对照自身需求选择更高等级的培训课程。

具有一定从业经验、无职业技能等级晋升要求的培训学员，可根据自身实际情况自主选择本职业培训课程。具体方法为：(1) 选择课程模块；(2) 在模块中筛选课程；(3) 在课程中筛选学习单元；(4) 组合成本次培训的整个课程。

培训教师可以根据以上方法对培训学员进行单独指导。对于订单培训，培训教师可以按照如上方法，对照订单要求进行培训课程的选择。

1.2 职业指南

1.2.1 职业描述

装配式建筑施工员是在装配式混凝土建筑施工过程中，从事构件制作与安装、进度控制和项目现场协调的人员。

1.2.2　职业培训对象

装配式建筑施工员职业培训的对象主要包括：城乡未继续升学的应届初高中毕业生、农村转移就业劳动者、城镇登记失业人员、转岗转业人员、退役军人、企业在职职工和高校毕业生等各类有培训需求的人员。

1.2.3　就业前景

伴随着我国建筑业的转型升级，装配式建筑的发展越来越完善，将传统现浇钢筋混凝土和砌体建筑改为装配式的建筑，将工人的工作地点由现场变更为工厂加现场平行作业，将生产方式由现场转变为工厂预制加现场装配。国家积极推广装配式建筑，行业对装配式建筑构件生产、施工、管理技术技能人才需求越来越大，装配式建筑施工员作为国家新职业，将填补这一行业人才缺口，就业前景广阔。

1.3　培训机构设置指南

1.3.1　师资配备要求

（1）培训教师任职基本条件

1）培训五级 / 初级、四级 / 中级装配式建筑施工员的教师应具有本职业二级 / 技师职业资格证书（技能等级证书），或本专业或相关专业中级及以上专业技术职务任职资格。

2）培训三级 / 高级及以上装配式建筑施工员的教师应具有本职业一级 / 高级技师职业资格证书（技能等级证书），或本专业或相关专业高级专业技术职务任职资格。

（2）培训教师数量要求（以 20 人培训班为基准）

1）理论课教师：1 人以上；培训规模超过 20 人的，按教师与学员之比不低于 1 ∶ 20 配备教师。

2）实习指导教师：2 人及以上；培训规模超过 20 人的，按教师占学员之比不低于 1 ∶ 10 配备老师。

1.3.2 培训场所设备配置要求

培训场所设备配置要求如下（以20人培训班为基准）:

（1）理论知识培训场所设备配置要求：具有与本职业（工种）理论知识培训相适应的标准教室，且标识明显，环境整洁，通风良好，照明适度；标准教室在60平方米以上，配备多媒体教学设备（计算机、投影仪、幕布或显示屏、网络接入设备、音响设备）、黑板、20套桌椅，符合照明、通风、安全等相关规定；配备相应软件。建议理论知识培训场所具有装配式施工现场视频接入信号。

（2）操作技能培训场所设备配置要求：具有与本职业（工种）技能操作相适应的设备设施，包括辅助设备和相应的工具、量具等，且确保正常使用；实习工位充足，设备设施、软件配套齐全，符合环保、劳保、安全、卫生、消防、通风和照明等相关规定及安全规程。

其中：五级/初级、四级/中级装配式建筑施工员培训场所应具备装配式施工教师模拟演示和学员练习两个功能，包括安全体验、构件生产、吊装运输、构件装配等功能区；三级/高级及以上装配式建筑施工员的培训场所建议增加模拟施工现场管理、安全教育体验中心等功能区。

实训用具、设备及其他物品、材料等配置要求如下:

构件生产实训用具、设备及其他物品、材料等配置

<table>
<tr><th>序号</th><th>工序</th><th>类型</th><th>工具/配件</th><th>单位</th><th>数量</th><th>备注</th></tr>
<tr><td rowspan="10">1</td><td rowspan="10">生产前准备</td><td rowspan="3">纸质文件</td><td>图纸</td><td>套</td><td>1</td><td>根据抽签决定哪类构件</td></tr>
<tr><td>模具质量检验表</td><td>份</td><td>1</td><td></td></tr>
<tr><td>钢筋绑扎和预埋件安装质量检验表</td><td>份</td><td>1</td><td></td></tr>
<tr><td rowspan="3">劳保用品</td><td>手套</td><td>副</td><td>4</td><td></td></tr>
<tr><td>安全帽</td><td>顶</td><td>4</td><td></td></tr>
<tr><td>工装</td><td>套</td><td>4</td><td></td></tr>
<tr><td rowspan="4">工具</td><td>抹布</td><td>块</td><td>1</td><td></td></tr>
<tr><td>钢卷尺</td><td>把</td><td>1</td><td rowspan="2">钢筋选型</td></tr>
<tr><td>游标卡尺</td><td>把</td><td>1</td></tr>
<tr><td>扫把</td><td>把</td><td>1</td><td>清理模台</td></tr>
</table>

续表

序号	工序	类型	工具 / 配件	单位	数量	备注
2	模具组装	材料	侧模螺栓	只	8	工厂配置，根据模具开孔确定型号，M18
			固定端螺栓	只	4	工厂配置（剪力墙模具配置），根据开孔数量配置螺栓数量和型号，M18
		工具	墨盒	只	1	
			直角尺	把	1	画垂直线
			铅笔	支	1	
			铅笔刀	把	1	
			活扳手	把	2	拧紧螺栓
			磁盒	只	8	
			塞尺	把	1	
			钢直尺	把	1	
			橡胶锤	把	1	
3	粉刷脱模剂	材料	脱模剂	桶	1	以塑料桶贴标签代替
			缓凝剂	桶	1	以塑料桶贴标签代替
		工具	滚筒	把	1	
4	钢筋绑扎	材料	梅花垫块	块	10	厚 15 mm
			扎丝	卷	1	
		工具	游标卡尺	把	1	钢筋选型
			扎钩	把	2	
5	预埋件安装	材料	灌浆套筒	只		工厂配置，三明治墙板、内墙板和预制柱专用
			PVC 引出管	根		工厂配置，三明治墙板、内墙板和预制柱专用
			套筒固定件	只		工厂配置，（选用）剪力墙构件专用，根据构件套筒型号和数量配置
			圆头吊钉	只		工厂配置，除叠合板外其他均需配置
			预埋内丝	条	2	工厂配置，外墙板和内墙板专用
			保温板	张		工厂配置，三明治墙板用
			保温连接件	只	若干	三明治墙板用
			线盒	只	1	工厂配置，叠合板布置

续表

序号	工序	类型	工具 / 配件	单位	数量	备注
6	封堵	材料	防侧漏橡胶条	卷	24	工厂配置，外墙板和内墙板专用
			套筒固定座	个	6	与套筒数量一致
			预埋件工装	套	1	
7	工完料清	工具	撬杠	把	1	工厂配置，拆磁盒专用
			钢丝钳	把	1	
			磁盒拆除撬棍	把	1	
			垃圾桶	只	1	回收垃圾

注：本表针对一个工位配置，如果上一工序出现了该工具，本工序则不重复出现。

装配施工实训用具、设备及其他物品、材料等配置

钢筋校正及工作面处理						
序号	工序	类型	工具 / 配件	单位	数量	备注
1	施工准备	纸质文件	图纸	套	1	
			外墙挂板吊装质量检验表	份	1	
			剪力墙吊装质量检验表	份	1	
			后浇段连接质量检验表	份	1	
		劳保用品	手套	副	4	
			安全帽	顶	4	
			工装	套	4	
		工具	扫把	把	1	
2	剪力墙外观检验	工具	塞尺	把	1	
3	钢筋校正及工作面处理	工具	靠尺	把	1	
			钢筋校正工具	个	1	钢管或其他工具
			钢卷尺	把	1	
			钢直尺	把	1	
			钢丝刷	把	1	钢筋除锈
			毛刷	把	1	清理工作面
			角磨机	台	1	切除钢筋

续表

钢筋校正及工作面处理						
序号	工序	类型	工具 / 配件	单位	数量	备注
3	钢筋校正及工作面处理	工具	喷壶	把	1	
			铁锤	把	1	
			錾子	把	1	粗糙面处理
4	标高找平	工具	垫片	套	4	垫片（2 cm，1 cm，0.5 cm，0.2 cm，0.1 cm 等不同型号）
			水准仪	台	1	
			水准尺	把	1	
5	定位放线	工具	铅笔	支	1	
			墨盒	只	1	
6	构件吊装	材料	泡棉胶条	m	5	2 cm × 3 cm，放在保温层下部
			方木	根		一个构件底部放置 2 根
		工具	镜子	面	1	
			吊具	套	1	
			撬棍	把	1	调整墙板水平位置
			线坠	个	1	
			斜支撑	个		根据产品配置
7	挂板安装	材料	螺栓	只		根据产品配置
		工具	扳手	把	1	
8	钢筋绑扎	材料	扎丝	卷	若干	
			垫块	块	若干	保护层
		工具	游标卡尺	把	1	钢筋选型
			扎钩	把	1	
9	模板支设	材料	泡棉胶条	m	10	3 cm × 3 cm，放在保温板之间
			防侧漏胶条	卷	2	用美纹纸代替
			铝模板	套	2	一字形和 L 形
			背楞	根	根据图纸	
			对拉螺栓	只	根据图纸	
			脱模剂	桶	1	以塑料桶贴标签代替

续表

钢筋校正及工作面处理						
序号	工序	类型	工具 / 配件	单位	数量	备注
9	模板支设	工具	滚筒	把		
			扳手	把	1	
			橡胶锤	把	1	
10		工具	钢丝钳	把	1	
构件灌浆						
序号	工序	类型	工具 / 配件	单位	数量	备注
1	施工准备	文本资料	灌浆料拌制记录表	套	1	
			灌浆记录表	套	1	
		劳保用品	手套	副	4	
			安全帽	顶	4	
			工装	套	4	
2	钢筋校正及工作面处理	材料	方木	根	1	保护墙板
			垫片	套	4	垫片（2 cm，1 cm，0.5 cm，0.2 cm，0.1 cm 等型号）
		工具	靠尺	把	1	
			钢直尺	把	1	
			钢丝刷	把	1	
			毛刷	把	1	
			铁锤	把	1	
			錾子	把	1	
			钢管	根	1	
			角磨机	台	1	
			喷壶	把	1	
			气泵	台	1	检查套筒、清理积水
3	吊装	工具	吊具	套	1	钢丝绳
			镜子	面	2	
			吊钉接驳器	只	2	不同吊钉用不同接驳器连接
4	浆料拌制	材料	灌浆料	袋	若干	
			封缝料	袋	若干	高强，上强度快

续表

<table>
<tr><th colspan="7">构件灌浆</th></tr>
<tr><th>序号</th><th>工序</th><th>类型</th><th>工具/配件</th><th>单位</th><th>数量</th><th>备注</th></tr>
<tr><td rowspan="11">4</td><td rowspan="11">浆料拌制</td><td rowspan="11">工具</td><td>钢卷尺</td><td>把</td><td>1</td><td></td></tr>
<tr><td>刻度量杯</td><td>只</td><td>1</td><td>容量 3 L</td></tr>
<tr><td>量筒</td><td>只</td><td>1</td><td></td></tr>
<tr><td>水桶</td><td>只</td><td>1</td><td></td></tr>
<tr><td>不锈钢平底桶</td><td>只</td><td>1</td><td>容量 30 L，直径 300 mm，高度 400 mm</td></tr>
<tr><td>不锈钢小盆</td><td>个</td><td>1</td><td>用于做流动度实验</td></tr>
<tr><td>铁勺</td><td>把</td><td>1</td><td></td></tr>
<tr><td>塑料勺</td><td>把</td><td>1</td><td></td></tr>
<tr><td>电子秤</td><td>台</td><td>1</td><td>秤台尺寸 400 mm×500 mm，称量范围 0 ~ 100 kg</td></tr>
<tr><td>手提变速搅拌器</td><td>套</td><td>1</td><td>功率 1 200~1 400 W；转速 0~800 r/min，可调；单相电压，220 V/50 Hz；片状或圆形花篮式搅拌头</td></tr>
<tr><td>棒式温度计</td><td>支</td><td>1</td><td>测量范围 0 ~ 50 ℃</td></tr>
<tr><td rowspan="4">5</td><td rowspan="4">试验</td><td rowspan="4">工具</td><td>圆截锥试模</td><td>套</td><td>1</td><td>ϕ70 mm×60 mm，ϕ100 mm×60 mm</td></tr>
<tr><td>玻璃板</td><td>块</td><td>1</td><td>500 mm×500 mm</td></tr>
<tr><td>盒尺</td><td>把</td><td>1</td><td>测量范围 5 m</td></tr>
<tr><td>三联带底试模</td><td>套</td><td>1</td><td>70.7 mm×70.7 mm×70.7 mm</td></tr>
<tr><td rowspan="5">6</td><td rowspan="5">分仓及封缝</td><td rowspan="2">材料</td><td>整体泡棉胶条</td><td>m</td><td>3</td><td>厚度 2 cm，长度 1.8 m</td></tr>
<tr><td>PVC 管</td><td>根</td><td>2</td><td>1 m</td></tr>
<tr><td rowspan="3">工具</td><td>小铲子</td><td>把</td><td>1</td><td></td></tr>
<tr><td>托板</td><td>把</td><td>1</td><td></td></tr>
<tr><td>小抹子</td><td>把</td><td>1</td><td></td></tr>
<tr><td rowspan="4">7</td><td rowspan="4">灌浆</td><td>材料</td><td>出浆管专用堵头</td><td>只</td><td>若干</td><td>灌浆嘴堵头与灌浆套筒匹配</td></tr>
<tr><td rowspan="3">工具</td><td>锤子</td><td>把</td><td>1</td><td></td></tr>
<tr><td>灌浆枪</td><td>把</td><td>1</td><td>推压式、挤压式各 1 把</td></tr>
<tr><td>电动灌浆泵</td><td>台</td><td>1</td><td></td></tr>
<tr><td rowspan="2">8</td><td rowspan="2">饱满度检测</td><td>材料</td><td>软管</td><td>根</td><td>1</td><td>用于做倒流试验</td></tr>
<tr><td>工具</td><td>饱满度探测仪</td><td>台</td><td>1</td><td>用于做灌浆饱满度试验</td></tr>
</table>

续表

构件灌浆						
序号	工序	类型	工具 / 配件	单位	数量	备注
9	工完料清	工具	抹布	块	1	
			高压水枪	支	1	冲洗灌浆不合格的构件及灌浆料填塞部位，功率 96 W，流量 10 L/min，水管 ϕ 8 mm × 10 mm
			清扫工具	把	1	扫把
封缝打胶						
序号	工序	类型	工具 / 配件	单位	数量	备注
1	施工准备	劳保用品	手套	副	1	
			安全帽	顶	1	
			工装	套	1	
			安全带	套	1	
2	基层处理	工具	角磨机	台	1	
			钢丝刷	把	1	
			毛刷	把	1	
3	贴美纹纸	材料	美纹纸	卷	2	
		工具	小刀	把	1	
4	填充泡沫棒	材料	泡沫棒	支	4	ϕ 25 mm
5	涂刷底涂液	材料	底涂液	桶	1	以塑料桶粘贴标签代替
		工具	刷子	把	1	
6	施胶	材料	耐候密封胶	瓶	4	选取黏性小、方便清理的密封胶
		工具	胶枪	把	1	
			钢直尺	把	1	
7	胶面整修	工具	刮片	片	1	
			抹刀	把	1	胶面整修
8	清理美纹纸	无	无	无	无	无
9	工完料清	工具	铲子	把	1	清理密封胶
			抹布	块	4	清理墙板
			扫把	把	1	

1.3.3 教学资料配备要求

（1）培训规范：《装配式建筑施工员国家职业技能标准》《装配式建筑施工员职业基本素质培训要求》《装配式建筑施工员职业技能培训要求》《装配式建筑施工员职业基本素质培训课程规范》《装配式建筑施工员职业技能培训课程规范》《装配式建筑施工员职业基本素质培训考核规范》《装配式建筑施工员职业技能培训理论知识考核规范》《装配式建筑施工员职业技能培训操作技能考核规范》。

（2）教学资源：教材教辅、网络资源等内容必须符合“（1）培训规范”要求。

1.3.4 管理人员配备要求

（1）专职校长：1 人，应具有大专及以上文化程度、中级及以上专业技术职务任职资格，从事职业技术教育及教学管理 5 年以上，熟悉职业培训的有关法律法规。

（2）教学管理人员：1 人以上，专职不少于 1 人；应具有大专及以上文化程度、中级及以上专业技术职务任职资格，从事职业技术教育及教学管理 5 年以上，具有丰富的教学管理经验。

（3）办公室人员：1 人以上，应具有大专及以上文化程度。

（4）财务管理人员：2 人，应具有大专及以上文化程度。

1.3.5 管理制度要求

应建立健全完备的管理制度，包括办学章程与发展规划、教学管理、教师管理、学员管理、财务管理、安全管理、技能操作实训管理、设备管理等制度。

2

课程包

2.1 培训要求

2.1.1 职业基本素质培训要求

职业基本素质模块	培训内容	培训细目
1. 职业认知与职业道德	1-1 职业认知	（1）装配式建筑施工员简介 （2）装配式建筑施工员的工作内容
	1-2 职业道德基本知识	（1）“四德”建设的主要内容 （2）社会主义核心价值观 （3）职业道德修养 （4）装配式建筑施工员职业道德规范
	1-3 职业守则	装配式建筑施工员职业守则
2. 建筑施工基础知识	2-1 建筑材料基础知识	（1）建筑材料的分类 （2）建筑材料的基本性能
	2-2 建筑识图基础知识	（1）施工图识读概述 （2）建筑施工图识读 （3）结构施工图识读
	2-3 建筑构造基础知识	（1）建筑物分类及等级划分 （2）建筑物的构造组成 （3）室内环境及抗震要求
	2-4 建筑结构基础知识	（1）建筑结构分类 （2）不同受力和构造特点的建筑结构
	2-5 建筑安装工程造价基础知识	（1）建筑安装工程造价构成 （2）设备及工 / 器具购置费的构成 （3）工程建设其他费用的构成 （4）预备费及建设期利息
	2-6 建筑工程测量基础知识	（1）测量的基本工作 （2）施工控制测量的知识 （3）建筑变形观测的知识
	2-7 建筑工程施工基础知识	（1）地基与基础工程施工 （2）砌体工程施工 （3）钢筋混凝土工程施工 （4）钢结构工程施工 （5）防水工程施工 （6）装饰装修工程施工
	2-8 装配式建筑简介	（1）装配式建筑概述 （2）装配式建筑分类

续表

职业基本素质模块	培训内容	培训细目
3. 节能与环保知识	3-1　节能常识	建筑节能常识
	3-2　建筑新技术、新能源知识	（1）建筑新技术知识 （2）建筑新能源知识
4. 建筑施工安全知识	4-1　分项工程安全生产的基本要求	（1）桩基工程安全生产要求 （2）土方工程安全生产要求 （3）钢筋混凝土工程安全生产要求 （4）屋面与防水工程安全生产要求 （5）结构吊装工程安全生产要求 （6）设备、管道工程安全生产要求 （7）现场临时用电安全知识 （8）爆破工程安全生产要求 （9）砌筑及装饰工程安全生产要求
	4-2　施工机械的安全使用	（1）塔式起重机的安全使用 （2）其他工程机械、车辆的安全使用
	4-3　工地防火与防爆知识	（1）防火基本原理 （2）防爆基本原理 （3）化学危险物品燃爆特性 （4）防火与防爆技术措施
	4-4　拆除工程的安全技术	（1）拆除工程的安全技术规定 （2）拆除工程施工准备 （3）拆除施工 （4）拆除工程施工安全管理
5. 岗位管理相关知识	5-1　施工项目现场管理知识	（1）项目管理基本知识 （2）施工项目现场管理的内容
	5-2　施工项目技术管理知识	（1）施工项目技术管理的任务与内容 （2）施工项目技术管理流程与管理工作 （3）施工项目技术管理机构设置
	5-3　施工项目质量管理知识	（1）施工项目质量管理计划编制 （2）施工质量验收程序及组织
6. 相关法律、法规知识	相关法律、法规知识	（1）《中华人民共和国劳动合同法》及其实施条例相关知识 （2）《中华人民共和国安全生产法》相关知识 （3）《中华人民共和国建筑法》相关知识 （4）《建设工程安全生产管理条例》相关知识 （5）《建设工程质量管理条例》相关知识

续表

职业基本素质模块	培训内容	培训细目
7. 相关技术标准、规程知识	相关技术标准、规程知识	(1)《装配式建筑评价标准》相关知识 (2)《装配式混凝土建筑技术标准》相关知识 (3)《装配式混凝土结构技术规程》相关知识 (4)《装配式钢结构建筑技术标准》相关知识 (5)《装配式木结构建筑技术标准》相关知识 (6)《装配式住宅建筑设计标准》相关知识 (7)《装配式混凝土结构建筑工程施工图设计文件技术审查要点》相关知识

2.1.2 五级 / 初级职业技能培训要求

职业功能模块	工作内容	技能目标	培训细目
1. 装配式建筑图识读	1-1 建筑图集识读	能识读建筑图集	(1)识读建筑施工图图集 (2)识读结构施工图图集 (3)识读设备施工图图集
	1-2 建筑图识读	能识读基础的建筑图	(1)识读基础的建筑图 (2)识读基础的结构图 (3)识读基础的设备图
2. 构件生产养护与存放、运输	2-1 模具准备	2-1-1 能正确选择模具	(1)选择模具类型 (2)选择具体模具
		2-1-2 能进行模具的清污、除锈、保养	(1)给模具清污、除锈 (2)保养模具
		2-1-3 能进行模具脱模剂涂刷	(1)涂刷前清理 (2)涂刷脱模剂
	2-2 钢筋绑扎与预埋件预埋	2-2-1 能进行钢筋作业准备	(1)选用钢筋加工工具 (2)准备操作设备
		2-2-2 能正确进行钢筋及预埋件存放	(1)按批次、等级、型号挂牌 (2)存放原材料钢筋及预埋件 (3)存放加工好的钢筋及预埋件
		2-2-3 能进行钢筋摆放与绑扎	(1)依据配筋图摆放钢筋 (2)选取绑扎工具进行钢筋绑扎
		2-2-4 能进行工完料清操作	(1)进行工序后清理 (2)归还设备、清点钢筋入库

续表

职业功能模块	工作内容	技能目标	培训细目
2. 构件生产养护与存放、运输	2-3　构件浇筑	2-3-1　能进行浇筑材料与机具准备	（1）准备水泥、砂、石子等材料 （2）准备主要机具
		2-3-2　能进行工完料清操作	（1）进行工序后清理 （2）送构件至下道工序
	2-4　构件脱模养护	2-4-1　能进行养护构件入库、出库操作	（1）按操作规程将养护构件入库 （2）按操作规程将养护构件出库
		2-4-2　能进行构件脱模操作	（1）根据脱模条件正确判断是否脱模 （2）构件脱模
		2-4-3　能进行工完料清操作	（1）清理构件、工具归位 （2）清理环境
	2-5　成品构件存放与运输	2-5-1　能进行构件的直立及水平存放操作	（1）构件直立存放 （2）构件水平存放
		2-5-2　能进行成品构件装车与摆放	（1）按照装车顺序进行成品构件装车 （2）在成品构件运输前进行构件摆放
3. 装配式建筑工程施工	3-1　构件装配前准备	3-1-1　能进行施工进场准备	（1）现场办公条件准备 （2）现场场地准备
		3-1-2　能采取防护措施进行成品保护	（1）成品保护的准备 （2）按操作规程进行成品保护
		3-1-3　能根据吊装顺序清点构件数量	根据构件的吊装顺序清点、记录
		3-1-4　能根据工序要求准备安全防护用具	（1）根据工序要求选择安全防护用具 （2）检查安全防护用具
		3-1-5　能根据施工需要准备机具、预制构件、材料、其他配件及辅料	（1）施工机具的准备 （2）预制构件的准备 （3）连接材料的准备 （4）其他配件及辅料的准备
	3-2　构件的吊装	3-2-1　能进行吊装前的工作面清理	（1）清理预制构件 （2）清理搁置构件的底面
		3-2-2　能辅助进行构件挂钩及试吊	（1）挂吊钩 （2）辅助试吊 （3）取吊钩

续表

职业功能模块	工作内容	技能目标	培训细目
3. 装配式建筑工程施工	3-2　构件的吊装	3-2-3　能协助将构件吊落至指定位置	（1）协助进行预制墙体吊装 （2）协助进行预制柱吊装 （3）协助进行预制梁板吊装 （4）协助进行预制楼梯吊装 （5）协助进行预制阳台、空调板吊装
		3-2-4　能协助拆除临时支撑与限位装置	（1）临时支撑与限位装置的拆除准备 （2）协助拆除临时支撑与限位装置
		3-2-5　能进行工完料清操作	（1）材料、机具存放前清理 （2）材料、机具归位 （3）材料、机具存放
	3-3　灌浆连接	3-3-1　能进行灌浆作业面清理	（1）灌浆前作业面清理 （2）灌浆套筒、预留孔清理
		3-3-2　能进行灌浆接缝边沿的封堵	（1）灌浆接缝边沿封堵材料制备 （2）灌浆接缝边沿封堵操作
		3-3-3　能进行工完料清操作	（1）材料、机具存放前清理 （2）材料、机具归位 （3）材料、机具存放
	3-4　后浇连接	3-4-1　能进行结合面清理	（1）后浇结合面清理 （2）模板清理
		3-4-2　能进行后浇构件的预埋件安装准备	（1）预埋件准备 （2）预埋工具的选用 （3）拆模后预埋件表面清理
		3-4-3　能进行后浇构件的钢筋连接和绑扎准备	（1）钢筋及连接件准备 （2）钢筋加工机具准备 （3）钢筋绑扎准备
		3-4-4　能进行墙板间后浇段模板支设	（1）混凝土支模前工作面清理 （2）混凝土模板选用 （3）模板支设
		3-4-5　能协助进行模板、斜支撑、楼面支撑拆除	（1）拆除准备 （2）协助拆除模板、斜支撑、楼面支撑
		3-4-6　工完料清操作	（1）材料、机具存放前清理 （2）材料、机具归位 （3）材料、机具存放

2.1.3 四级 / 中级职业技能培训要求

职业功能模块	工作内容	技能目标	培训细目
1. 装配式建筑图识读与深化	1-1 装配式建筑图识读	1-1-1 能正确识读装配式建筑图	（1）识读装配式建筑平面图 （2）识读装配式建筑立面图 （3）识读装配式建筑剖面图
		1-1-2 能正确识读装配式建筑结构形式	（1）识读装配式钢筋混凝土结构体系 （2）识读装配式钢结构体系 （3）识读装配式木结构体系
	1-2 装配式建筑施工图的深化	1-2-1 能正确设置相关专业的预埋件和预留孔洞等	（1）设置相关专业的预埋件 （2）设置相关专业的预留孔洞
		1-2-2 能进行构件的吊装、运输设计	（1）构件的吊装设计 （2）构件的运输设计
	1-3 构件拆分与详图设计	1-3-1 能确定钢筋锚固、搭接长度	（1）确定钢筋锚固长度 （2）确定钢筋搭接长度
		1-3-2 能处理预制梁、预制柱节点处钢筋的碰撞问题	（1）处理预制梁节点处钢筋的碰撞问题 （2）处理预制柱节点处钢筋的碰撞问题
2. 构件生产养护与存放、运输	2-1 模具组装、校准	2-1-1 能进行模具组装	（1）开料 （2）安装零件 （3）安装模具
		2-1-2 能进行模具校准	（1）组装前校准模具 （2）组装后校准模具
	2-2 钢筋绑扎与预埋件预埋	2-2-1 能操作钢筋加工设备进行钢筋加工	（1）钢筋加工 （2）钢筋连接
		2-2-2 能进行预埋件固定，并进行预留孔洞临时封堵	（1）固定预埋件 （2）封堵临时预留孔洞
	2-3 构件浇筑	2-3-1 能进行上料操作	（1）操作布料机 （2）控制混凝土布料量
		2-3-2 能进行混凝土浇筑操作	按浇筑规程进行混凝土浇筑操作
		2-3-3 能进行混凝土振捣操作	按振捣规程进行混凝土振捣操作

续表

职业功能模块	工作内容	技能目标	培训细目
2. 构件生产养护与存放、运输	2-4　构件养护	2-4-1　能正确选择各类构件养护方式与养护时间	(1) 按构件类型选择养护方式 (2) 准确控制构件养护时间
		2-4-2　能控制构件养护条件和监测养护状态	(1) 控制构件养护条件 (2) 监测构件养护状态
	2-5　成品构件存放与运输	2-5-1　能按照成品构件种类、规格和应用项目不同进行分类标识	(1) 填写成品构件分类料牌 (2) 悬挂成品构件分类料牌
		2-5-2　能进行外露金属件的防腐、防锈操作	(1) 对外露金属件进行防腐处理 (2) 对外露金属件进行防锈处理
3. 装配式建筑工程施工	3-1　施工准备	3-1-1　能进行构件进场并堆放	(1) 确定构件进场顺序 (2) 构件堆放 (3) 记录构件台账
		3-1-2　能进行施工机具的检查与调试	(1) 施工机具的检查 (2) 施工机具的调试
		3-1-3　能维护和保养施工机具	(1) 检测器具的维护保养 (2) 专业灌浆设备、器具的维护保养 (3) 其他施工机具的维护保养
		3-1-4　能对构件装配工程进行质量自检	(1) 检验批质量自检 (2) 分项工程质量自检
		3-1-5　能按设计及施工要求进行构件装配的测量、放线与定位	(1) 构件装配的测量、放线 (2) 构件装配的定位标识
	3-2　构件吊装	3-2-1　能进行预埋件预埋及孔洞预留	(1) 预埋件预埋及孔洞预留 (2) 预埋件及孔洞复核 (3) 受力变形与位移的处理
		3-2-2　能选择吊点，完成构件与吊具的连接	(1) 选择构件吊点 (2) 连接构件与吊具
		3-2-3　能安全起吊构件并吊装就位	(1) 吊装顺序安排 (2) 构件起吊 (3) 构件就位
		3-2-4　能进行构件校核与调整	(1) 竖向构件定位、垂直度、标高校正 (2) 水平构件位置、标高校正 (3) 外围护构件校正

续表

职业功能模块	工作内容	技能目标	培训细目
3. 装配式建筑工程施工	3-3 临时支撑及限位装置的搭设与拆除	3-3-1 能搭设斜向、竖向临时支撑与限位装置	（1）支撑点及限位装置定位 （2）临时支撑与限位装置搭设
		3-3-2 能校正斜向、竖向临时支撑及限位装置的位置	（1）构件标高、垂直度复核 （2）临时支撑及限位装置校正
		3-3-3 能进行临时支撑与限位装置的拆除	（1）确定临时支撑与限位装置拆除流程 （2）拆除临时支撑与限位装置
	3-4 构件灌浆连接	3-4-1 能进行灌浆前结合面检查	（1）灌浆前检查 （2）结合面的粗糙面与键槽的处理 （3）异常情况处理
		3-4-2 能进行灌浆料制备与留置	（1）灌浆料制备 （2）灌浆试块留置
		3-4-3 能进行套筒灌浆的坐浆及灌浆操作	（1）连通腔灌浆的分仓 （2）灌浆区内外侧封堵 （3）接缝封堵 （4）套筒灌浆连接 （5）灌浆孔封堵
		3-4-4 能进行灌浆后的保护工作	（1）灌浆后检查 （2）灌浆后保护
	3-5 后浇混凝土连接	3-5-1 能进行构件连接前的结合面检查	（1）灌浆前检查 （2）结合面的粗糙面与键槽的处理 （3）异常情况处理
		3-5-2 能进行连接钢筋的固定、安装	（1）竖向构件间节点钢筋连接施工 （2）竖向构件与水平构件间节点钢筋连接施工 （3）水平构件间节点钢筋连接施工
		3-5-3 能进行预埋件、预埋管道、预埋螺栓的安装	（1）预埋件、预埋管道及预埋螺栓施工 （2）位置偏移、外观损坏的预埋件、预埋管道、预埋螺栓的修补及更换

续表

职业功能模块	工作内容	技能目标	培训细目
3. 装配式建筑工程施工	3-5 后浇混凝土连接	3-5-4 能进行模板和支架的搭设与拆除	（1）竖向构件间节点模板与支架施工 （2）竖向构件与水平构件间节点模板与支架施工 （3）水平构件间节点模板与支架施工 （4）预制 PCF 板节点模板与支架施工
		3-5-5 能进行混凝土浇筑振捣	（1）墙板间浇筑振捣 （2）梁顶和楼地面混凝土浇筑振捣
		3-5-6 能进行构件浆锚连接、螺栓连接、焊接连接	（1）浆锚连接操作 （2）螺栓连接操作 （3）焊接连接操作
		3-5-7 能进行构件安装缝的防水施工	（1）外墙水平缝防水施工 （2）外墙竖向拼缝导水施工 （3）渗漏等异常情况处理
	3-6 部品及细部工程施工	3-6-1 能进行内装部品施工	（1）装配式内隔墙的施工 （2）装配式内墙面的施工 （3）装配式吊顶的施工 （4）装配式楼地面的施工 （5）装配式内门窗的施工
		3-6-2 能进行厨卫部品施工	（1）厨房部品施工 （2）卫生间部品施工
		3-6-3 能进行细部工程施工	细部工程施工
	3-7 装配率计算与装配式建筑评价	3-7-1 能进行预制部品、部件的装配率计算	（1）主体结构装配率计算 （2）围护墙、内隔墙装配率计算 （3）装修的装配率计算
		3-7-2 能进行装配式建筑评价并优化配置	（1）装配式建筑评价 （2）优化装配式建筑部品、部件配置

2.1.4 三级 / 高级职业技能培训要求

职业功能模块	工作内容	技能目标	培训细目
1. 装配式建筑图识读与深化	1-1 装配式建筑图识读	1-1-1 能正确识读钢筋放样图和模具总装图	（1）钢筋放样图识读 （2）模具总装图识读
		1-1-2 能按照装配式建筑施工图进行现场布置图优化	（1）按照装配式建筑施工图进行现场建筑布置图优化 （2）按照装配式建筑施工图进行现场结构布置图优化
	1-2 预制构件连接节点的深化	1-2-1 能确定结合面的粗糙面、键槽设定数量及位置	（1）确定结合面的粗糙面设定数量及位置 （2）确定结合面的键槽设定数量及位置
		1-2-2 能进行关键节点的深化	（1）选择相关连接构件的类型 （2）选择相关连接构件的型号
2. 构件生产	2-1 生产工艺设计	2-1-1 能编制预制构件物料清单	（1）构件物料清单编制 （2）物料计算
		2-1-2 能进行构件制作工艺方案的设计与选择	（1）构件制作工艺方案设计 （2）构件制作工艺方案的选择与优化
		2-1-3 能进行钢筋配料与代换	（1）钢筋配料 （2）钢筋代换
		2-1-4 能对成品构件出厂进行相关资料检查	（1）检查产品标识 （2）检查二维码 （3）检查合格证
	2-2 构件浇筑	2-2-1 能进行构件原材料计算用量和配置	（1）计算钢筋用量 （2）计算混凝土各组成材料用量 （3）计算预埋件用量 （4）完成原材料配置表
		2-2-2 能主持较复杂构件的浇筑生产，进行工艺运行与调整	（1）按构件类型、生产工艺确定和调整操作流程 （2）按构件类型和生产工艺确定混凝土配比
		2-2-3 能进行混凝土浇筑质量控制与验收	（1）修复构件表面的麻面、蜂窝、尺寸超差等缺陷 （2）混凝土浇筑质量验收
	2-3 构件养护与脱模	2-3-1 能进行钢筋笼入模、钢筋保护层、预留孔洞等隐蔽工程验收	（1）检查钢筋笼入模、钢筋保护层、预留孔洞等隐蔽工程质量 （2）处理隐蔽工程质量缺陷
		2-3-2 能进行构件质量检测和验收	（1）检测构件质量 （2）完成预制构件质量验收表

续表

职业功能模块	工作内容	技能目标	培训细目
3. 装配式建筑工程施工	3-1 施工准备	3-1-1 能对生产和施工所需各类原材料、半成品、成品进行进场验收	（1）原材料进场验收 （2）配件进场验收
		3-1-2 能对构件进场进行协调并优化物流运输方案	（1）构件进场协调 （2）优化构件物流运输方案
		3-1-3 能选用、核对施工机具	（1）机具选用 （2）机具型号核对
	3-2 现场施工与管理	3-2-1 能主持室内部品安装	（1）装配式室内部品组装施工方案制定 （2）装配式室内部品施工进度管理 （3）装配式室内部品施工质量与安全管理
		3-2-2 能从装配施工的角度出发介入并优化前期方案	（1）优化建筑部品、部件配置 （2）优化预制构件的规格及其连接节点 （3）提出装配方案的合理化建议
		3-2-3 能进行工序交接技术交底	（1）技术交底组织 （2）技术交底记录
		3-2-4 能进行机电管线一体化施工协调	（1）机电管线一体化设计、施工协调 （2）机电管线预留、预埋现场施工协调
	3-3 质量检查与其他措施的应用	3-3-1 能进行构件装配质量检查，发现并解决问题	（1）构件装配工程的质量自检 （2）构件装配工程的质量交接检 （3）异常情况处理
		3-3-2 能采取有效的处理措施进行构件修复	（1）构件质量缺陷的防止 （2）构件质量缺陷的处理
		3-3-3 能制定冬季施工方案	（1）冬季施工技术准备 （2）冬季施工生产准备 （3）冬季施工方案制定
		3-3-4 能进行施工现场安全环保管理	（1）制定安全文明施工方案 （2）施工现场安全事故处理 （3）制定施工现场环境保护措施

续表

职业功能模块	工作内容	技能目标	培训细目
4. 装配式建筑工程质量验收	4-1 预制构件的质量验收	4-1-1 能对预制构件进行数量及外观质量验收	（1）预制构件的数量及型号验收 （2）预制构件外观质量验收 （3）预制构件外形、尺寸精度检验
		4-1-2 能对预制构件进行结构性能验收	预制构件的结构性能验收
	4-2 节点连接质量验收	4-2-1 能进行构件的临时固定措施验收	（1）支撑验收 （2）模板验收
		4-2-2 能进行节点连接质量验收	（1）预制构件外墙板与构件、配件的连接质量验收 （2）连接节点的防腐、防锈、防火、防水、保温构造质量验收 （3）接头及拼缝节点质量验收
		4-2-3 能进行后浇混凝土质量验收	（1）混凝土强度检验 （2）钢筋保护层厚度检验 （3）位置和尺寸检验
		4-2-4 能进行浆料质量验收	（1）灌浆料强度核验 （2）坐浆材料强度核验 （3）灌浆试块检验
	4-3 部品及细部工程施工质量验收	4-3-1 能进行部品施工质量验收	（1）部品现场试验 （2）部品隐蔽项目验收
		4-3-2 能进行细部工程施工质量验收	细部工程施工质量验收

2.1.5 二级 / 技师职业技能培训要求

职业功能模块	工作内容	技能目标	培训细目
1. 装配式建筑图识读与深化	1-1 装配式建筑图识读	1-1-1 能根据装配式建筑施工图进行构件现场施工顺序设计	根据装配式建筑施工图进行构件现场施工顺序设计
		1-1-2 能根据施工图确定所需深化的构件及节点	（1）根据施工图确定所需深化的构件 （2）根据施工图确定所需深化的节点
	1-2 装配式建筑构件深化	1-2-1 能进行水平、竖向构件的深化	（1）水平构件的深化 （2）竖向构件的深化
		1-2-2 能进行关键节点的深化	关键节点的深化

续表

职业功能模块	工作内容	技能目标	培训细目
2. 施工组织与管理	2-1 生产与施工管理	2-1-1 能主持一般的装配式工程施工	（1）装配式工程施工技术管理 （2）装配式工程施工进度管理
		2-1-2 能进行各类原材料、半成品、成品的进场管理	（1）施工物资、资料管理 （2）施工材料、构件现场管理
		2-1-3 能复核施工机具及临时支撑	（1）施工机具、临时支撑验算 （2）施工机具、临时支撑检查复核
		2-1-4 能对关键工序进行质量控制	（1）关键工序质量控制 （2）施工中的质量通病处理及预防
	2-2 隐蔽工程质量验收	2-2-1 能进行钢筋作业质量验收	（1）钢筋质量验收 （2）箍筋弯钩的弯折角度及平直段角度验收 （3）钢筋的连接方式、接头位置、接头数量、接头面积百分率、搭接长度、锚固方式及锚固长度验收
		2-2-2 能进行结合面、预埋件、预留管线施工质量验收	（1）混凝土的粗糙面质量及键槽尺寸、数量、位置验收 （2）预埋件、预留插筋、预留管线的规格、数量验收 （3）预留孔洞的规格、数量、位置验收
		2-2-3 能进行灌浆套筒连接、浆锚搭接接头核验及外观质量验收	（1）灌浆套筒连接接头核验 （2）灌浆套筒外观质量和尺寸精度检验 （3）浆锚搭接接头检验
		2-2-4 能进行预制构件的焊接连接、螺栓连接核验及外观质量验收	（1）机械连接接头质量验收 （2）钢筋焊接连接质量验收 （3）型钢焊接连接质量验收 （4）螺栓连接质量验收
3.“四新”应用	3-1 构件生产“四新”及信息技术应用	3-1-1 能推广应用构件生产新技术、新工艺、新材料和新设备	构件生产“四新”应用
		3-1-2 能运用信息技术进行构件生产及生产管理	（1）用信息化手段进行生产操作 （2）用信息化手段进行生产管理

续表

职业功能模块	工作内容	技能目标	培训细目
3.“四新”应用	3-2 装配施工“四新”及信息技术应用	3-2-1 能推广应用装配施工新技术、新工艺、新材料和新设备	装配施工“四新”应用
		3-2-2 能优化装配施工管理手段	装配施工信息技术应用
4. 培训与指导	4-1 理论培训	能对本职业三级 / 高级及以下级别人员进行理论培训	理论培训
	4-2 操作指导	能指导本职业三级 / 高级及以下级别人员进行实际操作	操作技能指导

2.1.6 一级 / 高级技师职业技能培训要求

职业功能模块	工作内容	技能目标	培训细目
1. 技术创新	1-1 构件生产技术创新	1-1-1 能运用信息技术进行预制构件生产过程模拟及方案优化	（1）运用信息技术进行构件生产过程模拟 （2）运用信息技术进行构件生产方案优化
		1-1-2 能对相关生产设备进行改进与创新	构件生产设备改进与创新
	1-2 装配施工技术创新	1-2-1 能优化革新装配施工机具、施工工艺	（1）装配施工机具的优化与革新 （2）装配施工工艺的优化与创新
		1-2-2 能使用信息技术创新管理手段，比选及优化装配施工方案	（1）利用信息技术创新施工管理手段 （2）利用信息技术比选、优化施工方案
2. 装配式建筑施工项目管理	2-1 施工工艺管理	2-1-1 能编制施工工艺规程	编制施工工艺规程
		2-1-2 能按施工组织计划组织施工	按施工组织计划组织施工

续表

职业功能模块	工作内容	技能目标	培训细目
2. 装配式建筑施工项目管理	2-2 质量管理	2-2-1 能处理装配式建筑施工常见的质量问题，并制定质量隐患防范措施	（1）处理构件生产、装配施工常见的质量问题 （2）制定质量隐患防范措施
		2-2-2 能运用全面质量管理知识进行质量分析与控制	（1）构件生产质量分析与控制 （2）装配施工质量分析与控制 （3）质量保障制度的制定与实施
	2-3 安全管理	2-3-1 能辨别装配式建筑施工安全风险类型并提出防范措施	（1）辨别装配式建筑施工安全风险类型 （2）提出装配式建筑施工安全风险防范措施
		2-3-2 能分析安全管理存在问题的原因，并提出安全管理建议	（1）分析安全管理存在问题的原因 （2）提出安全管理建议
	2-4 信息技术应用	2-4-1 能熟悉物联网平台，对材料、设备、构件、部品等质量实现全过程追溯	利用物联网平台，对材料、设备、构件、部品等质量进行全过程追溯
		2-4-2 能建立信息化协同工作机制，并使用与之相适应的生产、施工全过程管理平台实现信息共享	（1）建立信息化协同工作机制 （2）使用生产、施工全过程管理平台进行信息共享
3. 培训与指导	3-1 理论培训	能对本职业二级 / 技师及以下级别人员进行理论培训	理论培训教学文件的编制
	3-2 操作指导	能指导本职业二级 / 技师及以下级别人员进行实际操作	实训指导文件的编制

2.2 课程规范

2.2.1 职业基本素质培训课程规范

模块	课程	学习单元	课程内容	培训建议	课堂学时
1. 职业认知与职业道德	1–1 职业认知	职业认知	1）装配式建筑业认知	（1）方法：讲授法 （2）重点与难点：装配式建筑施工员的工作内容	1
			2）装配式建筑施工员职业认知		
	1–2 职业道德基本知识	道德与职业道德	1）道德 ①道德的含义 ②维持道德的依据 ③公民道德规范	（1）方法：讲授法、案例教学法 （2）重点与难点：装配式建筑施工员的职业道德规范	1
			2）社会主义核心价值观		
			3）职业道德 ①职业道德的概念 ②各行业共同的道德内容 ③加强职业道德修养		
			4）装配式建筑施工员的职业道德规范		
	1–3 职业守则	职业守则	1）遵章守纪，爱岗敬业	（1）方法：讲授法、案例教学法 （2）重点与难点：装配式建筑施工员的职业守则	1
			2）善于学习，精通业务		
			3）严守规程，精益求精		
			4）杜绝违章，确保安全		
			5）文明施工，保证质量		
			6）勤俭节约，杜绝浪费		
2. 建筑施工基础知识	2–1 建筑材料基础知识	建筑材料基本知识	1）无机胶凝材料 ①通用水泥的特性、主要技术性质及应用 ②特性水泥的分类、特性及应用	（1）方法：讲授法、演示法、讨论法、实训（练习）法、参观法、案例教学法、项目教学法、实物示教法、观摩法 （2）重点与难点：各类建筑材料的特性及主要技术性质	2

续表

模块	课程	学习单元	课程内容	培训建议	课堂学时
2. 建筑施工基础知识	2-1 建筑材料基础知识	建筑材料基本知识	2）混凝土 ①普通混凝土 ②轻混凝土 ③高性能混凝土 ④预拌混凝土 ⑤常用混凝土外加剂	（1）方法：讲授法、演示法、讨论法、实训（练习）法、参观法、案例教学法、项目教学法、实物示教法、观摩法 （2）重点与难点：各类建筑材料的特性及主要技术性质	2
			3）砂浆		
			4）石材、砖和砌块		
			5）金属材料 ①钢结构用钢材 ②钢筋混凝土结构用钢材		
			6）防水材料		
			7）建筑节能材料		
	2-2 建筑识图基础知识	建筑工程识图基本知识	1）施工图的基本知识 ①房屋建筑施工图的组成及作用 ②房屋建筑施工图的图示特点 ③制图标准相关规定	（1）方法：讲授法、演示法、讨论法、实训（练习）法、参观法、案例教学法、项目教学法、实物示教法、观摩法 （2）重点与难点：施工图的图示方法及内容	4
			2）施工图的图示方法及内容 ①建筑施工图 ②结构施工图		
			3）施工图的绘制与识读		
	2-3 建筑构造基础知识	建筑构造基本知识	1）民用建筑的基本构造组成 ①基础 ②墙体或柱 ③屋顶 ④门或窗 ⑤地坪 ⑥楼板 ⑦楼梯	（1）方法：讲授法、演示法、讨论法、实训（练习）法、参观法、案例教学法、项目教学法、实物示教法、观摩法 （2）重点与难点：民用建筑的基本构造	4
			2）常见基础的构造 ①地基与基础的传力关系 ②砖及毛石基础的构造 ③钢筋混凝土基础的构造 ④桩基础的构造		

续表

模块	课程	学习单元	课程内容	培训建议	课堂学时
2．建筑施工基础知识	2-3 建筑构造基础知识	建筑构造基本知识	3）墙体和地下室的构造 ①砌块墙的细部构造 ②隔墙的构造 ③幕墙的一般构造 ④地下室防潮及防水构造	（1）方法：讲授法、演示法、讨论法、实训（练习）法、参观法、案例教学法、项目教学法、实物示教法、观摩法 （2）重点与难点：民用建筑的基本构造	4
			4）楼板的构造 ①现浇整体式钢筋混凝土楼板构造 ②预制装配式钢筋混凝土楼板构造 ③楼地面防水的基本构造		
			5）垂直交通设施的一般构造 ①钢筋混凝土楼梯的构造 ②坡道及台阶的构造 ③电梯与自动扶梯的构造		
			6）门与窗的构造 ①塑钢门窗的基本构造 ②金属门窗的基本构造 ③门窗与建筑主体的连接构造		
			7）屋顶的基本构造 ①屋顶的防水及排水构造 ②屋顶的保温与隔热构造 ③屋顶的细部构造		
			8）变形缝的构造 ①伸缩缝的构造 ②沉降缝的构造 ③防震缝的构造		
			9）民用建筑的一般装饰构造 ①地面的一般装饰构造 ②墙面的一般装饰构造 ③顶棚的一般装饰构造		

续表

模块	课程	学习单元	课程内容	培训建议	课堂学时
2．建筑施工基础知识	2-4 建筑结构基础知识	建筑结构基本知识	1）基础 ①无筋扩展基础 ②扩展基础 ③桩基础	（1）方法：讲授法、演示法、讨论法、实训（练习）法、参观法、案例教学法、项目教学法、实物示教法、观摩法 （2）重点与难点：不同建筑结构的受力和构造特点	4
			2）混凝土结构构件的受力		
			3）现浇混凝土结构楼盖 ①单向板肋形楼盖 ②无梁楼盖 ③井式楼盖		
			4）常见的钢结构 ①构件的连接 ②构件的受力		
			5）砌体结构 ①砌体结构的材料及强度等级 ②砌体结构构件的承载力 ③砌体结构的构造层次		
			6）建筑抗震知识 ①地震的相关概念 ②建筑物的震害及分析 ③抗震设计的一般规定		
	2-5 建筑安装工程造价基础知识	工程造价基本知识	1）工程造价基本概念	（1）方法：讲授法、演示法、讨论法、实训（练习）法、参观法、案例教学法、项目教学法、实物示教法、观摩法 （2）重点与难点：工程造价的定额计价	2
			2）建筑安装工程造价的构成		
			3）工程造价的定额计价 ①工程定额体系 ②工程定额计价的基本程序		
			4）设备及工 / 器具购置费的构成		
			5）工程建设其他费用的构成		
			6）预备费及建设期利息		

续表

模块	课程	学习单元	课程内容	培训建议	课堂学时
2. 建筑施工基础知识	2-6 建筑工程测量基础知识	(1) 测量的基本工作	1) 水准仪的使用 2) 经纬仪的使用 3) 全站仪的使用 4) 测距仪的使用	(1) 方法：讲授法、演示法、讨论法、实训（练习）法、参观法、案例教学法、项目教学法、实物示教法、观摩法 (2) 重点与难点：各种测量仪器的使用方法	1
		(2) 施工控制测量的知识	1) 建筑物的定位 2) 建筑物的放线 3) 基础施工测量 4) 墙体施工测量 5) 构件安置施工测量	(1) 方法：讲授法、演示法、讨论法、实训（练习）法、参观法、案例教学法、项目教学法、实物示教法、观摩法 (2) 重点与难点：施工测量操作	2
		(3) 建筑变形观测的知识	1) 建筑变形观测的概念 2) 变形观测的主要内容 ①沉降观测 ②倾斜观测 ③裂缝观测 ④水平位移观测	(1) 方法：讲授法、演示法、讨论法、实训（练习）法、参观法、案例教学法、项目教学法、实物示教法、观摩法 (2) 重点与难点：变形观测的主要内容	1
	2-7 建筑工程施工基础知识	(1) 地基与基础工程施工	1) 土质的工程分类 2) 常用人工地基处理方法 ①换土垫层法 ②夯实地基法 ③挤密桩施工法 ④深层密实法 ⑤预压法 3) 基坑（槽）开挖、支护及回填方法	(1) 方法：讲授法、演示法、讨论法、实训（练习）法、参观法、案例教学法、项目教学法、实物示教法、观摩法 (2) 重点与难点：地基的处理方法	2

续表

模块	课程	学习单元	课程内容	培训建议	课堂学时
2. 建筑施工基础知识	2-7 建筑工程施工基础知识	(1) 地基与基础工程施工	4) 混凝土基础施工工艺 ①钢筋混凝土扩展基础 ②筏形基础 ③箱形基础	(1) 方法: 讲授法、演示法、讨论法、实训 (练习) 法、参观法、案例教学法、项目教学法、实物示教法、观摩法 (2) 重点与难点: 地基的处理方法	2
			5) 砖基础施工工艺		
			6) 桩基础施工工艺 ①预制桩施工 ②钻、挖、冲孔灌注桩施工 ③人工挖孔扩底灌注桩施工		
		(2) 砌体工程施工	1) 常见脚手架搭设施工工艺 ①常用落地式脚手架 ②常用非落地式脚手架	(1) 方法: 讲授法、演示法、讨论法、实训 (练习) 法、参观法、案例教学法、项目教学法、实物示教法、观摩法 (2) 重点与难点: 砌块砌体施工工艺	2
			2) 砖砌体施工工艺		
			3) 毛石砌体施工工艺		
			4) 砌块砌体施工工艺		
		(3) 钢筋混凝土工程施工	1) 常见的模板种类、特性	(1) 方法: 讲授法、演示法、讨论法、实训 (练习) 法、参观法、案例教学法、项目教学法、实物示教法、观摩法 (2) 重点: 混凝土工程施工工艺 (3) 难点: 钢筋工程施工工艺	2
			2) 模板的安装与拆除施工要点		
			3) 钢筋工程施工工艺 ①钢筋加工 ②钢筋的连接 ③钢筋安装		
			4) 混凝土工程施工工艺 ①混凝土拌和料的运输 ②混凝土浇筑 ③混凝土养护		
		(4) 钢结构工程施工	1) 钢结构的连接方法 ①焊接 ②螺栓连接 ③自动螺钉连接 ④铆钉连接	(1) 方法: 讲授法、演示法、讨论法、实训 (练习) 法、参观法、案例教学法、项目教学法、实物示教法、观摩法 (2) 重点与难点: 钢结构安装施工工艺	2
			2) 钢结构安装施工工艺		

续表

模块	课程	学习单元	课程内容	培训建议	课堂学时
2. 建筑施工基础知识	2-7 建筑工程施工基础知识	(5) 防水工程施工	1）砂浆、混凝土防水施工工艺	(1) 方法：讲授法、演示法、讨论法、实训（练习）法、参观法、案例教学法、项目教学法、实物示教法、观摩法 (2) 重点与难点：防水工程的施工工艺	1
			2）涂料防水施工工艺		
			3）卷材防水施工工艺		
		(6) 装饰装修工程施工	1）楼地面工程施工工艺 ①水泥砂浆楼地面施工 ②陶瓷地砖楼地面施工 ③石材楼地面铺设施工 ④木地板楼地面施工	(1) 方法：讲授法、演示法、讨论法、实训（练习）法、参观法、案例教学法、项目教学法、实物示教法、观摩法 (2) 重点与难点：装修工程的施工工艺	1
			2）一般抹灰工程施工工艺		
			3）涂饰工程施工工艺		
			4）门窗工程施工工艺		
	2-8 装配式建筑简介	(1) 装配式建筑概述	1）装配式建筑的特征与优势	(1) 方法：讲授法、演示法、讨论法 (2) 重点与难点：装配式建筑的特征	1
			2）装配式建筑的发展背景与意义		
			3）装配式建筑的发展史		
		(2) 装配式建筑分类	1）按建筑结构体系分类	(1) 方法：讲授法、演示法、讨论法、参观法、实物示教法、观摩法 (2) 重点与难点：装配式建筑的分类	1
			2）按构件材料分类		
			3）按结构技术体系分类		

续表

模块	课程	学习单元	课程内容	培训建议	课堂学时
3．节能与环保知识	3–1 节能常识	建筑节能基本知识	1）建筑节能的含义及其意义	（1）方法：讲授法、演示法、讨论法、参观法、案例教学法、项目教学法、实物示教法、观摩法 （2）重点：建筑节能基本途径	1
			2）我国建筑节能的发展现状		
			3）我国建筑节能的目标和任务		
			4）我国建筑节能设计的气候分区		
			5）建筑能耗的构成及节能基本途径		
			6）建筑节能设计中常用的基本术语		
	3–2 建筑新技术、新能源知识	（1）建筑新技术	1）太阳能的利用技术	（1）方法：讲授法、演示法、讨论法、实训（练习）法、参观法、案例教学法、项目教学法、实物示教法、观摩法 （2）重点与难点：建筑新技术	1
			2）热泵节能技术		
			3）风能利用技术		
		（2）建筑新能源	1）太阳能	（1）方法：讲授法、演示法、讨论法、实训（练习）法、参观法、案例教学法、项目教学法、实物示教法、观摩法 （2）重点与难点：建筑新能源	1
			2）地热能		
			3）风能		

续表

<table>
<tr><th>模块</th><th>课程</th><th>学习单元</th><th>课程内容</th><th>培训建议</th><th>课堂学时</th></tr>
<tr><td rowspan="14">4. 建筑施工安全知识</td><td rowspan="9">4-1 分项工程安全生产的基本要求</td><td rowspan="9">分项工程安全生产知识</td><td>1）桩基工程施工安全</td><td rowspan="9">（1）方法：讲授法、讨论法、参观法、演示法、案例教学法、项目教学法、实物示教法、观摩法
（2）重点与难点：钢筋混凝土工程施工安全知识</td><td rowspan="9">4</td></tr>
<tr><td>2）土方工程施工安全</td></tr>
<tr><td>3）钢筋混凝土工程施工安全
①模板的制作、安装与拆除
②钢筋加工、绑扎、安装
③现场搅拌与灌注混凝土</td></tr>
<tr><td>4）屋面与防水工程施工安全</td></tr>
<tr><td>5）结构吊装工程施工安全
①安装工程施工特点
②安装人员注意事宜
③吊装工程安全技术</td></tr>
<tr><td>6）设备、管道工程施工安全</td></tr>
<tr><td>7）现场临时用电安全
①电器接地或接零
②配电箱
③施工用电线路
④施工照明
⑤漏电保护</td></tr>
<tr><td>8）爆破工程施工安全
①爆破作业安全操作规定
②易发生事故</td></tr>
<tr><td>9）砌筑及装饰工程施工安全</td></tr>
<tr><td rowspan="5">4-2 施工机械的安全使用</td><td rowspan="5">施工机械的安全使用</td><td>1）施工机械安全操作一般规定</td><td rowspan="5">（1）方法：讲授法、讨论法、参观法、演示法、案例教学法、项目教学法、实物示教法、观摩法
（2）重点与难点：起重机械的安全操作</td><td rowspan="5">4</td></tr>
<tr><td>2）起重机械安全使用
①塔式起重机
②卷扬机
③龙门井架提升机</td></tr>
<tr><td>3）木工机械安全使用
①安全使用注意事项
②常见事故分析</td></tr>
<tr><td>4）搅拌机械安全使用
①搅拌机安全使用要求
②常见事故分析
③混凝土振捣器安全管理</td></tr>
<tr><td>5）钢筋加工机械安全使用</td></tr>
</table>

续表

模块	课程	学习单元	课程内容	培训建议	课堂学时
4.建筑施工安全知识	4-2 施工机械的安全使用	施工机械的安全使用	6）焊接机械安全使用 ①气焊与气割安全技术 ②电焊安全技术 ③气瓶使用、运输、储存安全技术	（1）方法：讲授法、讨论法、参观法、演示法、案例教学法、项目教学法、实物示教法、观摩法 （2）重点与难点：起重机械的安全操作	4
			7）打夯机械安全使用 ①打夯机械安全使用注意事项 ②常见事故分析		
	4-3 工地防火与防爆知识	工地防火与防爆知识	1）燃烧与爆炸	（1）方法：讲授法、讨论法、参观法、演示法、案例教学法、项目教学法、实物示教法、观摩法 （2）重点与难点：重点部位和重点工种的防火要求	2
			2）消防基本知识 ①火灾的原因 ②灭火的基本方法 ③灭火器材的使用 ④防火的基本措施 ⑤灭火现场的组织工作		
			3）重点部位和重点工种的防火要求 ①电焊、气割的防火要求 ②电工的防火要求 ③使用喷灯的防火安全措施及操作注意事项		
			4）特殊施工现场的防火与防爆要求 ①地下工程施工的防火与防爆要求 ②古建筑修缮过程中的防火与防爆要求		
			5）高层建筑防火与防爆要求 ①高层建筑施工的特点 ②高层建筑施工的火灾危险性 ③高层建筑施工防火与防爆要求		
			6）不同季节防火与防爆要求		
			7）防火与防爆检查 ①防火与防爆检查的内容 ②火险隐患整改的要求		

续表

<table>
<tr><th>模块</th><th>课程</th><th>学习单元</th><th>课程内容</th><th>培训建议</th><th>课堂学时</th></tr>
<tr><td rowspan="3">4．建筑施工安全知识</td><td rowspan="3">4-4 拆除工程的安全技术</td><td rowspan="3">拆除工程的安全技术</td><td>1）拆除工程的准备工作
①技术准备
②现场准备
③机械设备、材料的准备
④成立组织领导机构，组织劳动力</td><td rowspan="3">（1）方法：讲授法、讨论法、参观法、演示法、案例教学法、项目教学法、观摩法
（2）重点与难点：拆除工程的安全技术规定</td><td rowspan="3">2</td></tr>
<tr><td>2）拆除工程的施工组织设计
①拆除工程施工组织设计编制原则
②拆除工程施工组织设计编制的依据
③施工组织设计的内容</td></tr>
<tr><td>3）拆除工程的安全技术规定</td></tr>
<tr><td rowspan="9">5．岗位管理相关知识</td><td rowspan="3">5-1 施工项目现场管理知识</td><td rowspan="3">施工项目现场管理知识</td><td>1）项目管理基本知识</td><td rowspan="3">（1）方法：讲授法、讨论法、参观法、演示法、案例教学法、项目教学法、观摩法
（2）重点与难点：施工项目现场管理组织</td><td rowspan="3">1</td></tr>
<tr><td>2）施工项目现场管理的概念</td></tr>
<tr><td>3）施工项目现场管理的内容
①规划及报批施工用地
②设计施工现场平面图
③建立施工现场管理组织
④文明施工现场管理</td></tr>
<tr><td rowspan="6">5-2 施工项目技术管理知识</td><td rowspan="6">施工项目技术管理知识</td><td>1）施工项目技术管理的任务及作用</td><td rowspan="6">（1）方法：讲授法、讨论法、参观法、演示法、案例教学法、项目教学法、观摩法
（2）重点与难点：施工项目技术管理</td><td rowspan="6">1</td></tr>
<tr><td>2）施工项目技术管理的内容</td></tr>
<tr><td>3）施工项目技术管理的总体流程</td></tr>
<tr><td>4）施工项目技术管理工作</td></tr>
<tr><td>5）施工项目技术管理运作程序</td></tr>
<tr><td>6）施工项目技术管理机构设置
①施工项目技术管理工作体系
②施工项目技术管理机构
③项目经理部技术工作要求
④技术部门主要工作</td></tr>
</table>

续表

模块	课程	学习单元	课程内容	培训建议	课堂学时
5. 岗位管理相关知识	5-3 施工项目质量管理知识	施工项目质量管理知识	1）施工项目质量管理计划编制 ①施工项目质量管理计划编制的依据及内容 ②施工项目质量管理计划的编制要求	（1）方法：讲授法、讨论法、演示法、参观法、案例教学法、项目教学法、观摩法 （2）重点与难点：施工项目质量控制及验收	2
			2）施工项目质量控制系统建立及运行 ①建设工程项目质量控制的基本原理 ②建设工程项目质量控制系统的构成		
			3）施工项目生产要素质量控制 ①劳动主体 ②劳动对象 ③施工工艺 ④施工设备 ⑤施工环境		
			4）施工项目工序质量控制 ①质量控制点的设置和管理 ②质量预控 ③成品保护		
			5）施工项目质量验收程序及组织		
6. 相关法律、法规知识	相关法律、法规知识	建筑施工法律、法规知识	1）《中华人民共和国劳动合同法》及其实施条例相关知识 ①工作时间和休息休假 ②工资 ③劳动安全卫生 ④职业培训 ⑤社会保险和福利	（1）方法：讲授法、讨论法 （2）重点与难点：法律、法规的运用	2
			2）《中华人民共和国安全生产法》相关知识 ①从业人员的安全生产权利和义务 ②安全生产的监督管理 ③法律责任		

续表

模块	课程	学习单元	课程内容	培训建议	课堂学时
6．相关法律、法规知识	相关法律、法规知识	建筑施工法律、法规知识	3）《中华人民共和国建筑法》相关知识 ①建筑工程监理 ②建筑安全生产管理 ③建筑工程质量管理 ④法律责任	（1）方法：讲授法、讨论法 （2）重点与难点：法律、法规的运用	2
			4）《建设工程安全生产管理条例》相关知识 ①建设单位的安全责任 ②施工单位的安全责任 ③生产安全事故的应急救援和调查处理 ④法律责任		
			5）《建设工程质量管理条例》相关知识 ①施工单位的质量责任和义务 ②工程监理单位的质量责任和义务 ③建设工程质量保修		
7．相关技术标准、规程知识	相关技术标准、规程知识	建筑施工技术标准、规程知识	1）《装配式建筑评价标准》相关知识	（1）方法：讲授法、讨论法 （2）重点与难点：技术标准、规程的应用	4
			2）《装配式混凝土建筑技术标准》相关知识		
			3）《装配式混凝土结构技术规程》相关知识		
			4）《装配式钢结构建筑技术标准》相关知识		
			5）《装配式木结构建筑技术标准》相关知识		
			6）《装配式住宅建筑设计标准》相关知识		
			7）《装配式混凝土结构建筑工程施工图设计文件技术审查要点》相关知识		

2.2.2 五级 / 初级职业技能培训课程规范

模块	课程	学习单元	课程内容	培训建议	课堂学时
1．装配式建筑图识读	1-1 建筑图集识读	（1）建筑施工图图集识读	1）建筑施工图图集的内容及作用	（1）方法：讲授法、演示法、讨论法、实训（练习）法、案例教学法、项目教学法 （2）重点与难点：建筑施工图图集的识读	2
1．装配式建筑图识读	1-1 建筑图集识读	（1）建筑施工图图集识读	2）建筑施工图图集识读方法	（1）方法：讲授法、演示法、讨论法、实训（练习）法、案例教学法、项目教学法 （2）重点与难点：建筑施工图图集的识读	2
1．装配式建筑图识读	1-1 建筑图集识读	（2）结构施工图图集识读	1）结构施工图图集的内容及作用	（1）方法：讲授法、演示法、讨论法、实训（练习）法、案例教学法、项目教学法 （2）重点与难点：结构施工图图集的识读	2
1．装配式建筑图识读	1-1 建筑图集识读	（2）结构施工图图集识读	2）结构施工图图集识读方法	（1）方法：讲授法、演示法、讨论法、实训（练习）法、案例教学法、项目教学法 （2）重点与难点：结构施工图图集的识读	2
1．装配式建筑图识读	1-1 建筑图集识读	（3）设备施工图图集识读	1）设备施工图图集的内容及作用	（1）方法：讲授法、演示法、讨论法、实训（练习）法、案例教学法、项目教学法 （2）重点与难点：设备施工图图集的识读	2
1．装配式建筑图识读	1-1 建筑图集识读	（3）设备施工图图集识读	2）设备施工图图集识读方法	（1）方法：讲授法、演示法、讨论法、实训（练习）法、案例教学法、项目教学法 （2）重点与难点：设备施工图图集的识读	2
1．装配式建筑图识读	1-2 建筑图识读	（1）基础的建筑图识读	1）基础的建筑图的内容及作用	（1）方法：讲授法、演示法、讨论法、实训（练习）法、案例教学法、项目教学法 （2）重点与难点：基础的建筑图的识读	1
1．装配式建筑图识读	1-2 建筑图识读	（1）基础的建筑图识读	2）基础的建筑图识读方法	（1）方法：讲授法、演示法、讨论法、实训（练习）法、案例教学法、项目教学法 （2）重点与难点：基础的建筑图的识读	1
1．装配式建筑图识读	1-2 建筑图识读	（2）基础的结构图识读	1）基础的结构图的内容及作用	（1）方法：讲授法、演示法、讨论法、实训（练习）法、案例教学法、项目教学法 （2）重点与难点：基础的结构图的识读	1
1．装配式建筑图识读	1-2 建筑图识读	（2）基础的结构图识读	2）基础的结构图识读方法	（1）方法：讲授法、演示法、讨论法、实训（练习）法、案例教学法、项目教学法 （2）重点与难点：基础的结构图的识读	1

续表

模块	课程	学习单元	课程内容	培训建议	课堂学时
1．装配式建筑图识读	1–2 建筑图识读	（3）基础的设备图识读	1）基础的设备图的内容及作用	（1）方法：讲授法、演示法、讨论法、实训（练习）法、案例教学法、项目教学法 （2）重点与难点：基础的设备图的识读	1
			2）基础的设备图识读方法		
2．构件生产养护与存放运输	2–1 模具准备	（1）模具选择	1）模具的作用	（1）方法：讲授法、演示法、实训（练习）法、参观法、案例教学法、项目教学法、实物示教法 （2）重点与难点：具体模具的选择	2
			2）模具的类型及选择 ① 独立式模具 ② 大底模式模具		
			3）具体模具的选择 ①大底模（平台）模具 ②叠合楼板模具 ③阳台板模具 ④楼梯模具 ⑤内墙板模具 ⑥外墙板模具		
		（2）模具清理、养护	1）模具表面清污	（1）方法：讲授法、演示法、实训（练习）法、参观法、案例教学法、项目教学法、实物示教法 （2）重点与难点：模具保养	2
			2）模具表面除锈		
			3）模具保养要求、标准		
			4）模具保养步骤、方法		
		（3）模具脱模剂涂刷	1）模具表面清理	（1）方法：讲授法、演示法、实训（练习）法、参观法、案例教学法、项目教学法、实物示教法 （2）重点与难点：涂刷脱模剂	2
			2）脱模剂的类型、作用		
			3）脱模剂涂刷的要求、标准		
			4）脱模剂涂刷步骤		

续表

<table>
<tr><th>模块</th><th>课程</th><th>学习单元</th><th>课程内容</th><th>培训建议</th><th>课堂学时</th></tr>
<tr><td rowspan="15">2. 构件生产养护与存放运输</td><td rowspan="15">2-2 钢筋绑扎与预埋件预埋</td><td rowspan="4">（1）钢筋作业准备</td><td>1）常用钢筋加工工具的类型、作用</td><td rowspan="4">（1）方法：讲授法、演示法、实训（练习）法、参观法、案例教学法、项目教学法、实物示教法
（2）重点与难点：钢筋加工设备的选择</td><td rowspan="4">1</td></tr>
<tr><td>2）常用钢筋加工工具的选择</td></tr>
<tr><td>3）常用钢筋加工设备的类型、作用</td></tr>
<tr><td>4）常用钢筋加工设备的选择</td></tr>
<tr><td rowspan="4">（2）钢筋及预埋件存放</td><td>1）按钢筋批次、等级、型号挂牌
①钢筋的等级、型号分类与性能
②钢筋的连接件分类与性能
③按钢筋型号挂牌</td><td rowspan="4">（1）方法：讲授法、演示法、实训（练习）法、参观法、案例教学法、项目教学法、实物示教法
（2）重点与难点：钢筋存放</td><td rowspan="4">2</td></tr>
<tr><td>2）预埋件的类型及作用</td></tr>
<tr><td>3）原材料钢筋及预埋件存放</td></tr>
<tr><td>4）加工好的钢筋及预埋件存放</td></tr>
<tr><td rowspan="4">（3）钢筋摆放与绑扎</td><td>1）钢筋摆放的要求、标准</td><td rowspan="4">（1）方法：讲授法、演示法、实训（练习）法、参观法、案例教学法、项目教学法、实物示教法
（2）重点与难点：钢筋摆放顺序、标准</td><td rowspan="4">3</td></tr>
<tr><td>2）钢筋摆放的步骤、方法</td></tr>
<tr><td>3）绑扎工具的选择</td></tr>
<tr><td>4）钢筋绑扎的步骤、方法</td></tr>
<tr><td rowspan="3">（4）工完料清操作</td><td>1）本工序完成后的清理工作
①机具清理
②场地清理</td><td rowspan="3">（1）方法：讲授法、演示法、实训（练习）法、参观法、案例教学法、项目教学法、实物示教法
（2）重点与难点：钢筋清点入库</td><td rowspan="3">1</td></tr>
<tr><td>2）设备归还</td></tr>
<tr><td>3）钢筋清点入库</td></tr>
</table>

续表

<table>
<tr><th>模块</th><th>课程</th><th>学习单元</th><th>课程内容</th><th>培训建议</th><th>课堂学时</th></tr>
<tr><td rowspan="10">2. 构件生产养护与存放运输</td><td rowspan="5">2–3 构件浇筑</td><td rowspan="2">（1）浇筑材料与机具准备</td><td>1）水泥、砂、石子准备
①水泥的性能、要求与复验
②砂的性能、要求
③石子的性能、要求</td><td rowspan="2">（1）方法：讲授法、演示法、实训（练习）法、参观法、案例教学法、项目教学法、实物示教法
（2）重点与难点：浇筑材料的性能要求</td><td rowspan="2">2</td></tr>
<tr><td>2）浇筑机具准备
①混凝土搅拌机的类型、作用
②混凝土搅拌机的选择</td></tr>
<tr><td rowspan="3">（2）工完料清操作</td><td>1）本工序完成后的清理工作
①设备清理
②场地清理</td><td rowspan="3">（1）方法：讲授法、演示法、实训（练习）法、参观法、案例教学法、项目教学法、实物示教法
（2）重点与难点：工序完成后的清理工作</td><td rowspan="3">2</td></tr>
<tr><td>2）构件运送至下道工序</td></tr>
<tr><td>3）构件交接</td></tr>
<tr><td rowspan="5">2–4 构件脱模养护</td><td rowspan="3">（1）养护构件入库、出库操作</td><td>1）养护构件入库操作流程</td><td rowspan="3">（1）方法：讲授法、演示法、实训（练习）法、参观法、案例教学法、项目教学法、实物示教法
（2）重点与难点：出入库设备操作</td><td rowspan="3">2</td></tr>
<tr><td>2）养护构件出库操作流程</td></tr>
<tr><td>3）设备操作
①模台
②码垛机</td></tr>
<tr><td rowspan="3">（2）构件脱模操作</td><td>1）构件脱模的条件
①脱模温度要求
②脱模强度要求</td><td rowspan="3">（1）方法：讲授法、演示法、实训（练习）法、参观法、案例教学法、项目教学法、实物示教法
（2）重点与难点：构件脱模的条件</td><td rowspan="3">3</td></tr>
<tr><td>2）构件脱模的要求、标准</td></tr>
<tr><td>3）构件脱模的步骤、方法</td></tr>
</table>

续表

模块	课程	学习单元	课程内容	培训建议	课堂学时
2．构件生产养护与存放运输	2-4 构件脱模养护	（3）工完料清操作	1）清理构件、工具归位	（1）方法：讲授法、演示法、实训（练习）法、参观法、案例教学法、项目教学法、实物示教法 （2）重点与难点：构件清理	1
			2）环境清理 ①作业面清理 ②场地清理		
	2-5 成品构件存放与运输	（1）构件的直立及水平存放操作	1）成品构件存放场地条件要求	（1）方法：讲授法、演示法、实训（练习）法、参观法、案例教学法、项目教学法、实物示教法 （2）重点与难点：构件存放的基本原则	2
			2）成品构件摆放的步骤、方法		
			3）直立存放操作的步骤、方法		
			4）水平存放操作的步骤、方法		
		（2）成品构件装车与摆放	1）成品构件装车要求	（1）方法：讲授法、演示法、实训（练习）法、参观法、案例教学法、项目教学法、实物示教法 （2）重点与难点：构件装车顺序	2
			2）成品构件装车步骤、摆放方法		
3．装配式建筑工程施工	3-1 构件装配前准备	（1）施工进场准备	1）现场办公条件准备	（1）方法：讲授法、演示法、实训（练习）法、参观法、案例教学法、项目教学法、实物示教法 （2）重点与难点：进场场地准备	1
			2）进场场地准备 ①运输道路的硬化要求 ②堆放场地要求		

续表

模块	课程	学习单元	课程内容	培训建议	课堂学时
3. 装配式建筑工程施工	3-1 构件装配前准备	（2）成品保护准备	1）成品保护的内容 2）预制构件成品保护操作规程 3）预埋件、预埋管道及预埋螺栓成品保护操作规程 4）后浇段混凝土成品保护操作规程	（1）方法：讲授法、演示法、实训（练习）法、参观法、案例教学法、项目教学法、实物示教法 （2）重点与难点：成品保护操作规程	2
		（3）清点构件数量	1）构件的吊装顺序 2）构件的放置顺序 3）构件的清点、记录	（1）方法：讲授法、演示法、实训（练习）法、参观法、案例教学法、项目教学法、实物示教法 （2）重点与难点：构件的吊装顺序	1
		（4）安全防护用具准备	1）安全防护用具的分类及作用 2）安全防护用具的选择 3）安全防护用具的检查	（1）方法：讲授法、演示法、实训（练习）法、参观法、案例教学法、项目教学法、实物示教法 （2）重点：安全防护用具选择 （3）难点：安全防护用具检查	1
		（5）施工机具准备	1）起重机的种类、规格和基本功能 2）吊具的种类、规格和基本功能 3）牵引绳等辅助工具的种类、规格和基本功能 4）灌浆泵、搅拌机等灌浆设备的种类、规格和基本功能 5）其他机具的准备	（1）方法：讲授法、演示法、实训（练习）法、参观法、案例教学法、项目教学法、实物示教法 （2）重点与难点：机具准备	3

续表

模块	课程	学习单元	课程内容	培训建议	课堂学时
3. 装配式建筑工程施工	3-1 构件装配前准备	（6）预制构件准备	1）预制构件的分类及特点	（1）方法：讲授法、演示法、实训（练习）法、参观法、案例教学法、项目教学法、实物示教法 （2）重点与难点：预制构件的准备	2
			2）预制构件的准备		
		（7）构件连接材料准备	1）钢筋套筒、支撑架、模板等材料的种类、规格、基本功能及适用范围	（1）方法：讲授法、演示法、实训（练习）法、参观法、案例教学法、项目教学法、实物示教法 （2）重点与难点：构件连接材料的准备	2
			2）灌浆料、钢筋、水泥砂浆、防水材料、密封胶等材料的种类、规格、基本功能及适用范围		
			3）其他构件连接材料的准备		
		（8）其他配件及辅料准备	1）其他配件及辅料的特点	（1）方法：讲授法、演示法、实训（练习）法、参观法、案例教学法、项目教学法、实物示教法 （2）重点与难点：其他配件的准备	2
			2）其他配件及辅料的准备		
	3-2 构件的吊装	（1）清理吊装前的工作面	1）预制构件清理	（1）方法：讲授法、演示法、实训（练习）法、参观法、案例教学法、项目教学法、实物示教法 （2）重点与难点：工作面清理	1
			2）搁置构件的底面清理		

续表

模块	课程	学习单元	课程内容	培训建议	课堂学时
3. 装配式建筑工程施工	3-2 构件的吊装	（2）辅助构件挂钩及试吊	1）挂吊钩 2）辅助试吊 3）取吊钩	（1）方法：讲授法、演示法、实训（练习）法、参观法、案例教学法、项目教学法、实物示教法 （2）重点与难点：辅助试吊	2
		（3）协助将构件吊落至指定位置	1）预制墙体吊装 2）预制柱吊装 3）预制梁板吊装 4）预制楼梯吊装 5）预制阳台、空调板吊装 6）吊装构件时的协助工作	（1）方法：讲授法、演示法、实训（练习）法、参观法、案例教学法、项目教学法、实物示教法 （2）重点与难点：协助吊装构件工作流程	6
		（4）协助拆除临时支撑与限位装置	1）临时支撑与限位装置的分类及特点 2）协助拆除临时支撑与限位装置	（1）方法：讲授法、演示法、实训（练习）法、参观法、案例教学法、项目教学法、实物示教法 （2）重点与难点：协助拆除限位装置	2
		（5）工完料清操作	1）材料、机具存放前清理 2）材料、机具归位 3）材料、机具存放	（1）方法：讲授法、演示法、实训（练习）法、参观法、案例教学法、项目教学法、实物示教法 （2）重点与难点：材料、机具存放操作	1

续表

模块	课程	学习单元	课程内容	培训建议	课堂学时
3. 装配式建筑工程施工	3-3 灌浆连接	(1) 灌浆作业面清理	1) 灌浆前作业面清理 2) 灌浆套筒、预留孔清理	(1) 方法：讲授法、演示法、实训（练习）法、参观法、案例教学法、项目教学法、实物示教法 (2) 重点与难点：灌浆作业面的清理	2
		(2) 灌浆接缝边沿封堵	1) 封堵材料的制备 2) 封堵操作的位置 3) 封堵操作的方法	(1) 方法：讲授法、演示法、实训（练习）法、参观法、案例教学法、项目教学法、实物示教法 (2) 重点与难点：封堵的操作方法	2
		(3) 工完料清操作	1) 材料、机具存放前清理 2) 材料、机具归位 3) 材料、机具存放	(1) 方法：讲授法、演示法、实训（练习）法、参观法、案例教学法、项目教学法、实物示教法 (2) 重点与难点：机具清理、存放要求	1
	3-4 后浇连接	(1) 结合面清理	1) 后浇结合面的清理要求和方法 2) 模板清理的要求和方法	(1) 方法：讲授法、演示法、实训（练习）法、参观法、案例教学法、项目教学法、实物示教法 (2) 重点与难点：结合面清理	1

续表

模块	课程	学习单元	课程内容	培训建议	课堂学时
3. 装配式建筑工程施工	3-4 后浇连接	（2）后浇构件的预埋件安装准备	1）预埋件的常见类型、规格、材质及安装要求	（1）方法：讲授法、演示法、实训（练习）法、参观法、案例教学法、项目教学法、实物示教法 （2）重点与难点：预埋件、预埋管道、预埋螺栓的安装要求	2
			2）预埋螺栓的常见类型、规格、材质及安装要求		
			3）预埋管道的常见类型、规格、材质及安装要求		
			4）预埋工具的分类及选用		
			5）拆模后预埋件表面的清理要求		
		（3）后浇构件的钢筋连接和绑扎准备	1）钢筋连接件的种类、性能及适用范围	（1）方法：讲授法、演示法、实训（练习）法、参观法、案例教学法、项目教学法、实物示教法 （2）重点与难点：钢筋绑扎准备	2
			2）钢筋准备 ①钢筋配置操作规程 ②钢筋分类堆放及标识要求		
			3）钢筋绑扎准备 ①绑扎工具选择 ②绑扎材料准备 ③绑扎操作工艺流程		
		（4）墙板间后浇段模板支设	1）混凝土支模前工作面清理 ①卫生要求 ②湿度要求 ③平整度要求	（1）方法：讲授法、演示法、实训（练习）法、参观法、案例教学法、项目教学法、实物示教法 （2）重点与难点：模板支设	4
			2）模板分类及选用		
			3）模板支设		
		（5）协助拆除模板、斜支撑、楼面支撑	1）拆除条件	（1）方法：讲授法、演示法、实训（练习）法、参观法、案例教学法、项目教学法、实物示教法 （2）重点与难点：拆除模板、斜支撑、楼面支撑操作规程	3
			2）拆除工具分类及选择		
			3）拆除顺序		
			4）协助拆除模板、斜支撑、楼面支撑操作规程		

续表

模块	课程	学习单元	课程内容	培训建议	课堂学时
3．装配式建筑工程施工	3–4 后浇连接	（6）工完料清操作	1）材料、机具存放前清理	（1）方法：讲授法、演示法、实训（练习）法、参观法、案例教学法、项目教学法、实物示教法 （2）重点与难点：材料、机具的存放要求	1
			2）材料、机具归位		
			3）材料、机具存放		

2.2.3 四级 / 中级职业技能培训课程规范

模块	课程	学习单元	课程内容	培训建议	课堂学时
1．装配式建筑图识读与深化	1–1 装配式建筑图识读	（1）装配式建筑平面图识读	1）装配式建筑平面图的内容及作用	（1）方法：讲授法、演示法、讨论法、实训（练习）法、案例教学法、项目教学法 （2）重点与难点：装配式建筑平面图的识读	2
			2）装配式建筑平面图识读方法		
		（2）装配式建筑立面图识读	1）装配式建筑立面图的内容及作用	（1）方法：讲授法、演示法、讨论法、实训（练习）法、案例教学法、项目教学法 （2）重点与难点：装配式建筑立面图的识读	2
			2）装配式建筑立面图识读方法		

续表

模块	课程	学习单元	课程内容	培训建议	课堂学时
1. 装配式建筑图识读与深化	1-1 装配式建筑图识读	（3）装配式建筑剖面图识读	1）装配式建筑剖面图的内容及作用	（1）方法：讲授法、演示法、讨论法、实训（练习）法、案例教学法、项目教学法 （2）重点与难点：装配式建筑剖面图的识读	2
			2）装配式建筑剖面图识读方法		
		（4）装配式钢筋混凝土结构体系识读	1）装配式钢筋混凝土结构体系的内容及作用	（1）方法：讲授法、演示法、讨论法、实训（练习）法、案例教学法、项目教学法 （2）重点与难点：装配式钢筋混凝土结构体系的识读	2
			2）装配式钢筋混凝土结构体系识读方法		
		（5）装配式钢结构体系识读	1）装配式钢结构体系的内容及作用	（1）方法：讲授法、演示法、讨论法、实训（练习）法、案例教学法、项目教学法 （2）重点与难点：装配式钢结构体系的识读	2
			2）装配式钢结构体系识读方法		
		（6）装配式木结构体系识读	1）装配式木结构体系的内容及作用	（1）方法：讲授法、演示法、讨论法、实训（练习）法、案例教学法、项目教学法 （2）重点与难点：装配式木结构体系的识读	2
			2）装配式木结构体系识读方法		

续表

<table>
<tr><th>模块</th><th>课程</th><th>学习单元</th><th>课程内容</th><th>培训建议</th><th>课堂学时</th></tr>
<tr><td rowspan="11">1. 装配式建筑图识读与深化</td><td rowspan="7">1-2 装配式建筑施工图的深化</td><td rowspan="2">（1）相关专业的预埋件设置</td><td>1）相关专业预埋件的内容及作用
①建筑
②结构
③机电</td><td rowspan="2">（1）方法：讲授法、演示法、讨论法、实训（练习）法、案例教学法、项目教学法、实物示教法
（2）重点与难点：预埋件的设置</td><td rowspan="2">1</td></tr>
<tr><td>2）相关专业预埋件的设置方法</td></tr>
<tr><td rowspan="2">（2）相关专业的预留孔洞设置</td><td>1）相关专业预留孔洞的内容及作用
①建筑
②结构
③机电</td><td rowspan="2">（1）方法：讲授法、演示法、讨论法、实训（练习）法、案例教学法、项目教学法、实物示教法
（2）重点与难点：预留孔洞的设置</td><td rowspan="2">1</td></tr>
<tr><td>2）相关专业预留孔洞的设置方法</td></tr>
<tr><td rowspan="3">（3）构件的吊装、运输设计</td><td>1）构件的吊装设计
①构件吊装设计的内容
②构件吊装设计的方法</td><td rowspan="3">（1）方法：讲授法、演示法、讨论法、实训（练习）法、案例教学法、项目教学法、实物示教法
（2）重点与难点：构件的吊装、运输设计</td><td rowspan="3">1</td></tr>
<tr><td>2）构件的运输设计
①构件运输设计的内容
②构件运输设计的方法</td></tr>
<tr></tr>
<tr><td rowspan="4">1-3 构件拆分与详图设计</td><td rowspan="4">（1）钢筋锚固、搭接长度确定</td><td>1）钢筋锚固的类型及作用</td><td rowspan="4">（1）方法：讲授法、演示法、讨论法、实训（练习）法、案例教学法、项目教学法、实物示教法
（2）重点与难点：钢筋锚固、搭接长度的确定</td><td rowspan="4">1</td></tr>
<tr><td>2）钢筋锚固长度的确定方法</td></tr>
<tr><td>3）钢筋搭接的形式及作用</td></tr>
<tr><td>4）钢筋搭接长度的确定方法</td></tr>
</table>

续表

模块	课程	学习单元	课程内容	培训建议	课堂学时
1. 装配式建筑图识读与深化	1–3 构件拆分与详图设计	（2）预制梁节点处钢筋的碰撞问题处理	1）预制梁基本知识 ①预制梁的概念 ②预制梁的类型及作用	（1）方法：讲授法、演示法、讨论法、实训（练习）法、案例教学法、项目教学法、实物示教法 （2）重点与难点：预制梁节点处钢筋的碰撞问题处理	1
			2）预制梁节点处钢筋的碰撞问题处理方法		
		（3）预制柱节点处钢筋的碰撞问题处理	1）预制柱基本知识 ①预制柱的概念 ②预制柱的类型及作用	（1）方法：讲授法、演示法、讨论法、实训（练习）法、案例教学法、项目教学法、实物示教法 （2）重点与难点：预制柱节点处钢筋的碰撞问题处理	1
			2）预制柱节点处钢筋的碰撞问题处理方法		
2. 构件生产养护与存放、运输	2–1 模具组装、校准	（1）模具组装	1）开料 ①模具选择 ②模具材料选择	（1）方法：讲授法、演示法、实训（练习）法、案例教学法、项目教学法、实物示教法 （2）重点与难点：安装模具	2
			2）安装零件		
			3）安装模具		
		（2）模具组装前校准	1）接触面平整度、板面弯曲度标准	（1）方法：讲授法、演示法、实训（练习）法、案例教学法、项目教学法、实物示教法 （2）重点与难点：拼装缝隙形状、尺寸校准	1
			2）拼装缝隙形状、尺寸标准		

续表

模块	课程	学习单元	课程内容	培训建议	课堂学时
2. 构件生产养护与存放、运输	2-1 模具组装、校准	（3）模具组装后校准	1）侧模、底模、顶模是否在同一平面检查 2）对角尺寸校准 3）使用磁盒定位加固	（1）方法：讲授法、演示法、实训（练习）法、案例教学法、项目教学法、实物示教法 （2）重点与难点：定位加固	1
	2-2 钢筋绑扎与预埋件预埋	（1）钢筋加工	1）钢筋除锈 2）钢筋冷拉 3）钢筋调直 4）下料切断	（1）方法：讲授法、演示法、实训（练习）法、案例教学法、项目教学法、实物示教法 （2）重点与难点：钢筋加工	2
		（2）钢筋连接	1）套筒灌浆连接 2）约束钢筋浆锚搭接 3）焊接连接 4）机械连接	（1）方法：讲授法、演示法、实训（练习）法、案例教学法、项目教学法、实物示教法 （2）重点与难点：套筒灌浆连接	2
		（3）预埋件固定	1）灌浆套筒安装 2）预埋件、拉结件安装	（1）方法：讲授法、演示法、实训（练习）法、案例教学法、项目教学法、实物示教法 （2）重点与难点：灌浆套筒安装	1

续表

模块	课程	学习单元	课程内容	培训建议	课堂学时
2. 构件生产养护与存放、运输	2-2 钢筋绑扎与预埋件预埋	（4）预留孔洞临时封堵	1）预留孔洞的类型、作用	（1）方法：讲授法、演示法、实训（练习）法、案例教学法、项目教学法、实物示教法 （2）重点与难点：临时封堵预留孔洞注意事项	1
			2）临时封堵预留孔洞注意事项		
			3）临时封堵预留孔洞的方法		
	2-3 构件浇筑	（1）上料准备	1）设备检查和试运转	（1）方法：讲授法、演示法、实训（练习）法、案例教学法、项目教学法、实物示教法 （2）重点与难点：原材料检查	2
			2）计量器具检查		
			3）配比校对		
			4）原材料检查		
		（2）物料计量	1）砂石计量	（1）方法：讲授法、演示法、实训（练习）法、案例教学法、项目教学法、实物示教法 （2）重点与难点：外加剂计量	2
			2）水泥计量		
			3）外加剂和混合料计量		
			4）水计量		
		（3）混凝土制备	1）布料机操作	（1）方法：讲授法、演示法、实训（练习）法、案例教学法、项目教学法、实物示教法 （2）重点与难点：混凝土拌制	2
			2）第一盘混凝土拌制		
			3）第二盘混凝土拌制		

续表

模块	课程	学习单元	课程内容	培训建议	课堂学时
2. 构件生产养护与存放、运输	2-3 构件浇筑	（4）混凝土浇筑操作	1）混凝土浇筑设备的类型、作用	（1）方法：讲授法、演示法、实训（练习）法、案例教学法、项目教学法、实物示教法 （2）重点与难点：混凝土浇筑操作规程	2
			2）混凝土浇筑操作规程		
			3）混凝土浇筑注意事项		
			4）混凝土浇筑操作		
		（5）混凝土振捣操作	1）混凝土振捣操作规程	（1）方法：讲授法、演示法、实训（练习）法、案例教学法、项目教学法、实物示教法 （2）重点与难点：混凝土振捣操作规程	2
			2）混凝土振捣机操作		
			3）混凝土振捣注意事项		
	2-4 构件养护	（1）正确选择各类构件养护方式与养护时间	1）构件养护方式 ①自然养护 ②构件蒸养	（1）方法：讲授法、演示法、实训（练习）法、案例教学法、项目教学法、实物示教法 （2）重点与难点：构件养护时间控制	2
			2）构件养护方式选择		
			3）构件养护时间控制		
		（2）控制构件养护条件和监测养护状态	1）传统蒸养条件控制	（1）方法：讲授法、演示法、实训（练习）法、案例教学法、项目教学法、实物示教法 （2）重点与难点：监测构件养护状态	2
			2）PC[①]构件蒸养条件控制		
			3）监测构件养护状态 ①温度监测 ②湿度监测		

① PC，precast concrete，预制混凝土。

续表

模块	课程	学习单元	课程内容	培训建议	课堂学时
2. 构件生产养护与存放、运输	2-5 成品构件存放与运输	（1）按照成品构件种类、规格和应用项目不同进行分类标识	1）成品构件分类料牌填写	（1）方法：讲授法、演示法、实训（练习）法、案例教学法、项目教学法、实物示教法 （2）重点与难点：构件料牌填写	1
			2）成品构件分类料牌悬挂		
		（2）外露金属件的防腐、防锈	1）外露金属件的腐蚀类型	（1）方法：讲授法、演示法、实训（练习）法、案例教学法、项目教学法、实物示教法 （2）重点与难点：构件防腐	1
			2）外露金属件的防腐		
			3）外露金属件的防锈		
3. 装配式建筑工程施工	3-1 施工准备	（1）构件现场堆放	1）构件的进场顺序	（1）方法：讲授法、演示法、实训（练习）法、案例教学法、项目教学法、实物示教法 （2）重点与难点：构件堆放的方法与方式	2
			2）构件堆放的场地安排原则		
			3）预制剪力墙堆放的方法与方式		
			4）叠合楼板堆放的方法与方式		
			5）预制梁堆放的方法与方式		
			6）预制楼梯堆放的方法与方式		
			7）预制阳台堆放的方法与方式		
			8）构件台账的记录		
		（2）施工机具检查与调试	1）起重机械的检查与调试	（1）方法：讲授法、演示法、实训（练习）法、案例教学法、项目教学法、实物示教法 （2）重点与难点：施工机具的调试	3
			2）吊具的检查与调试		
			3）牵引绳等辅助工具的检查与调试		
			4）灌浆泵、搅拌机等灌浆设备的检查与调试		

续表

模块	课程	学习单元	课程内容	培训建议	课堂学时
3．装配式建筑工程施工	3–1 施工准备	（3）施工机具维护和保养	1）检测器具的维护保养 2）专业灌浆设备、器具的维护保养 3）其他施工机具的维护保养	（1）方法：讲授法、演示法、实训（练习）法、案例教学法、项目教学法、实物示教法 （2）重点与难点：机具和工具的维护保养	2
		（4）构件装配工程质量自检	1）检验批质量自检 2）分项工程质量自检	（1）方法：讲授法、演示法、实训（练习）法、案例教学法、项目教学法、实物示教法 （2）重点与难点：构件装配工程质量自检的方法	1
		（5）构件装配的测量、放线与定位	1）测量放线基本知识 2）构件装配的测量、放线 3）预埋件、限位装置等的定位标识 4）钢筋校正 5）墙体标高调节垫片设置	（1）方法：讲授法、演示法、实训（练习）法、案例教学法、项目教学法、实物示教法 （2）重点与难点：测量放线操作	2
	3–2 构件吊装	（1）预埋件、预埋管道、限位装置等的预埋/预留	1）预埋、预留操作规程 2）预埋件与构件预留孔洞的对位要求 3）预埋件及孔洞复核 ①结构检查 ②位置检查 4）受力变形与位移的处理方法	（1）方法：讲授法、演示法、实训（练习）法、案例教学法、项目教学法、实物示教法 （2）重点：预埋件预埋 （3）难点：变形与位移处理	2

续表

模块	课程	学习单元	课程内容	培训建议	课堂学时
3. 装配式建筑工程施工	3-2 构件吊装	(2) 构件与吊具的连接	1）构件吊点选择	(1) 方法：讲授法、演示法、实训（练习）法、案例教学法、项目教学法、实物示教法 (2) 重点与难点：构件与吊具的连接	1
			2）构件与吊具的连接		
		(3) 安全起吊构件，吊装就位	1）吊装顺序安排	(1) 方法：讲授法、演示法、实训（练习）法、案例教学法、项目教学法、实物示教法 (2) 重点：构件起吊 (3) 难点：构件就位	6
			2）墙板、柱等竖向构件吊装		
			3）叠合板、预制梁构件吊装		
			4）楼梯、阳台构件吊装		
			5）外围护构件吊装		
			6）构件就位 ①构件就位的程序 ②校核构件的安装偏差		
		(4) 竖向构件定位、垂直度、标高校正	1）墙板校正	(1) 方法：讲授法、演示法、实训（练习）法、案例教学法、项目教学法、实物示教法 (2) 重点与难点：竖向构件校正	1
			2）柱校正		
		(5) 水平构件位置、标高校正	1）梁校正	(1) 方法：讲授法、演示法、实训（练习）法、案例教学法、项目教学法、实物示教法 (2) 重点与难点：水平构件校正	1
			2）叠合板校正		
			3）楼梯、阳台、空调板校正		

续表

模块	课程	学习单元	课程内容	培训建议	课堂学时
3. 装配式建筑工程施工	3-2 构件吊装	(6) 外围护构件校正	1) 外挂板校正	(1) 方法：讲授法、演示法、实训(练习)法、案例教学法、项目教学法、实物示教法 (2) 重点与难点：外围护构件校正	1
			2) 建筑幕墙校正		
			3) 外门窗校正		
			4) 金属屋面校正		
	3-3 临时支撑及限位装置的搭设与拆除	(1) 搭设斜向、竖向临时支撑及限位装置	1) 构件标高、垂直度复核	(1) 方法：讲授法、演示法、实训(练习)法、案例教学法、项目教学法、实物示教法 (2) 重点与难点：临时支撑及限位装置搭设	2
			2) 预制墙体临时支撑与限位装置的搭设		
			3) 预制柱临时支撑与限位装置的搭设		
			4) 预制梁临时支撑与限位装置的搭设		
			5) 预制板临时支撑与限位装置的搭设		
			6) 预制楼梯临时支撑与限位装置的搭设		
			7) 外挂板临时支撑与限位装置的搭设		
		(2) 校正斜向、竖向临时支撑及限位装置的位置	1) 临时支撑及限位装置复核方法	(1) 方法：讲授法、演示法、实训(练习)法、案例教学法、项目教学法、实物示教法 (2) 重点与难点：临时支撑及限位装置校正	2
			2) 预制墙体临时支撑与限位装置的校正		
			3) 预制柱临时支撑与限位装置的校正		
			4) 预制梁临时支撑与限位装置的校正		
			5) 预制板临时支撑与限位装置的校正		
			6) 预制楼梯临时支撑与限位装置的校正		
			7) 外挂板临时支撑与限位装置的校正		

续表

<table>
<tr><th>模块</th><th>课程</th><th>学习单元</th><th>课程内容</th><th>培训建议</th><th>课堂学时</th></tr>
<tr><td rowspan="17">3．装配式建筑工程施工</td><td rowspan="7">3-3 临时支撑及限位装置的搭设与拆除</td><td rowspan="7">（3）临时支撑及限位装置拆除</td><td>1）临时支撑与限位装置拆除条件</td><td rowspan="7">（1）方法：讲授法、演示法、实训（练习）法、案例教学法、项目教学法、实物示教法
（2）重点与难点：临时支撑及限位装置拆除</td><td rowspan="7">2</td></tr>
<tr><td>2）预制墙体临时支撑与限位装置的拆除</td></tr>
<tr><td>3）预制柱临时支撑与限位装置的拆除</td></tr>
<tr><td>4）预制梁临时支撑与限位装置的拆除</td></tr>
<tr><td>5）预制板临时支撑与限位装置的拆除</td></tr>
<tr><td>6）预制楼梯临时支撑与限位装置的拆除</td></tr>
<tr><td>7）外挂板临时支撑与限位装置的拆除</td></tr>
<tr><td rowspan="10">3-4 构件灌浆连接</td><td rowspan="3">（1）灌浆前结合面检查</td><td>1）灌浆前检查
①注浆孔、通浆孔检查要求
②套筒、预留孔的规格、位置、数量和深度要求</td><td rowspan="3">（1）方法：讲授法、演示法、实训（练习）法、案例教学法、项目教学法、实物示教法
（2）重点与难点：灌浆前检查</td><td rowspan="3">2</td></tr>
<tr><td>2）结合面的粗糙面与键槽的处理</td></tr>
<tr><td>3）异常情况处理</td></tr>
<tr><td rowspan="4">（2）灌浆料制备与留置</td><td>1）灌浆及灌浆料的作用</td><td rowspan="4">（1）方法：讲授法、演示法、实训（练习）法、案例教学法、项目教学法、实物示教法
（2）重点与难点：灌浆料的制备</td><td rowspan="4">4</td></tr>
<tr><td>2）常用灌浆料</td></tr>
<tr><td>3）灌浆料制备
①灌浆料配比要求
②灌浆料搅拌</td></tr>
<tr><td>4）灌浆试块留置
①灌浆试块制作
②灌浆试块养护</td></tr>
<tr><td rowspan="3">（3）套筒灌浆的坐浆及灌浆操作</td><td>1）连通腔灌浆的分仓
①坐浆料的制备
②灌浆区分仓操作</td><td rowspan="3">（1）方法：讲授法、演示法、实训（练习）法、案例教学法、项目教学法、实物示教法
（2）重点与难点：灌浆操作</td><td rowspan="3">4</td></tr>
<tr><td>2）灌浆区内外侧封堵</td></tr>
<tr><td>3）接缝封堵</td></tr>
</table>

续表

模块	课程	学习单元	课程内容	培训建议	课堂学时
3．装配式建筑工程施工	3-4 构件灌浆连接	（3）套筒灌浆的坐浆及灌浆操作	4）套筒灌浆连接 ①灌浆管道铺设 ②灌浆及二次灌浆	（1）方法：讲授法、演示法、实训（练习）法、案例教学法、项目教学法、实物示教法 （2）重点与难点：灌浆操作	4
			5）灌浆孔封堵 ①灌浆接头外观检查 ②灌浆停止的特点 ③灌浆孔封堵操作规程 ④构件接缝处渗漏等异常情况的处理措施		
			6）灌浆作业记录		
		（4）灌浆后保护	1）灌浆后的保护内容	（1）方法：讲授法、演示法、实训（练习）法、案例教学法、项目教学法、实物示教法 （2）重点与难点：灌浆后的保护	1
			2）灌浆后的保护措施		
	3-5 后浇混凝土连接	（1）构件连接前的结合面检查	1）灌浆前检查 ①注浆孔、通浆孔检查要求 ②套筒、预留孔的规格、位置、数量和深度要求	（1）方法：讲授法、演示法、实训（练习）法、案例教学法、项目教学法、实物示教法 （2）重点与难点：灌浆前检查	1
			2）结合面的粗糙面与键槽的处理		
			3）异常情况处理		
		（2）竖向构件间节点钢筋连接施工	1）钢筋连接施工工艺	（1）方法：讲授法、演示法、实训（练习）法、案例教学法、项目教学法、实物示教法 （2）重点与难点：钢筋连接	1
			2）连接钢筋的定位及固定		
			3）连接钢筋倾斜的校正		

续表

模块	课程	学习单元	课程内容	培训建议	课堂学时
3. 装配式建筑工程施工	3-5 后浇混凝土连接	（3）竖向构件与水平构件间节点钢筋连接施工	1）钢筋连接施工工艺	（1）方法：讲授法、演示法、实训（练习）法、案例教学法、项目教学法、实物示教法 （2）重点与难点：钢筋连接	1
			2）连接钢筋的定位及固定		
			3）连接钢筋倾斜的校正		
		（4）水平构件间节点钢筋连接施工	1）钢筋连接施工工艺	（1）方法：讲授法、演示法、实训（练习）法、案例教学法、项目教学法、实物示教法 （2）重点与难点：钢筋连接	1
			2）连接钢筋的定位及固定		
			3）连接钢筋倾斜的校正		
		（5）预埋件、预埋管道、预埋螺栓的安装	1）预埋件施工	（1）方法：讲授法、演示法、实训（练习）法、案例教学法、项目教学法、实物示教法 （2）重点与难点：预埋施工	3
			2）预埋管道施工		
			3）预埋螺栓施工		
			4）位置偏移、外观损坏的预埋件、预埋管道、预埋螺栓的修补及更换		
		（6）竖向构件间节点模板与支架的搭设与拆除	1）模板与支架设计	（1）方法：讲授法、演示法、实训（练习）法、案例教学法、项目教学法、实物示教法 （2）重点与难点：模板与支架施工	2
			2）模板与支架安装		
			3）模板与支架加固		
			4）模板与支架拆除		

续表

模块	课程	学习单元	课程内容	培训建议	课堂学时
3．装配式建筑工程施工	3–5 后浇混凝土连接	（7）竖向构件与水平构件间节点模板与支架的搭设与拆除	1）模板与支架设计 2）模板与支架安装 3）模板与支架拆除	（1）方法：讲授法、演示法、实训（练习）法、案例教学法、项目教学法、实物示教法 （2）重点与难点：模板与支架施工	1
		（8）水平构件间节点模板与支架的搭设与拆除	1）模板与支架设计 2）模板与支架安装 3）模板与支架拆除	（1）方法：讲授法、演示法、实训（练习）法、案例教学法、项目教学法、实物示教法 （2）重点与难点：模板与支架施工	1
		（9）预制PCF板节点模板与支架的搭设与拆除	1）模板与支架设计 2）模板与支架安装 3）模板与支架固定 4）模板与支架拆除	（1）方法：讲授法、演示法、实训（练习）法、案例教学法、项目教学法、实物示教法 （2）重点与难点：模板与支架施工	1
		（10）混凝土浇筑振捣	1）墙板间混凝土浇筑振捣 2）梁顶和楼地面混凝土浇筑振捣	（1）方法：讲授法、演示法、实训（练习）法、案例教学法、项目教学法、实物示教法 （2）重点与难点：混凝土浇筑、振捣	1

续表

模块	课程	学习单元	课程内容	培训建议	课堂学时
3. 装配式建筑工程施工	3–5 后浇混凝土连接	（11）构件浆锚连接、螺栓连接、焊接连接	1）构件浆锚连接	（1）方法：讲授法、演示法、实训（练习）法、案例教学法、项目教学法、实物示教法 （2）重点与难点：浆锚连接操作	1
			2）构件螺栓连接		
			3）构件焊接连接		
		（12）构件安装缝的防水施工	1）外墙水平缝防水施工 ①底涂施工 ②结构胶施工	（1）方法：讲授法、演示法、实训（练习）法、案例教学法、项目教学法、实物示教法 （2）重点与难点：防水施工	1
			2）外墙竖向拼缝导水施工 ①排水管安装 ②结构胶施工		
			3）渗漏等异常情况处理		
	3–6 部品及细部工程施工	（1）装配式内隔墙施工	1）装配式内隔墙类型	（1）方法：讲授法、演示法、实训（练习）法、案例教学法、项目教学法、实物示教法 （2）重点与难点：装配式内隔墙安装	1
			2）装配式内隔墙施工流程		
			3）装配式内隔墙施工工艺		
		（2）装配式内墙面施工	1）装配式内墙面类型	（1）方法：讲授法、演示法、实训（练习）法、案例教学法、项目教学法、实物示教法 （2）重点与难点：装配式内墙面安装	1
			2）装配式内墙面施工流程		
			3）装配式内墙面施工工艺		

续表

模块	课程	学习单元	课程内容	培训建议	课堂学时
3．装配式建筑工程施工	3-6 部品及细部工程施工	（3）装配式吊顶施工	1）装配式吊顶类型	（1）方法：讲授法、演示法、实训（练习）法、案例教学法、项目教学法、实物示教法 （2）重点与难点：装配式吊顶安装	1
			2）装配式吊顶施工流程		
			3）装配式吊顶施工工艺		
		（4）装配式楼地面施工	1）装配式楼地面类型	（1）方法：讲授法、演示法、实训（练习）法、案例教学法、项目教学法、实物示教法 （2）重点与难点：装配式楼地面安装	1
			2）装配式楼地面施工流程		
			3）装配式楼地面施工工艺		
		（5）装配式内门窗施工	1）装配式内门窗类型	（1）方法：讲授法、演示法、实训（练习）法、案例教学法、项目教学法、实物示教法 （2）重点与难点：装配式内门窗安装	1
			2）装配式内门窗施工流程		
			3）装配式内门窗施工工艺		
		（6）厨卫部品施工	1）厨卫部品的选用	（1）方法：讲授法、演示法、实训（练习）法、案例教学法、项目教学法、实物示教法 （2）重点与难点：厨卫部品施工	3
			2）地面施工		
			3）墙面施工		
			4）顶盖施工		
			5）门窗施工		
			6）洁具施工		
			7）收纳及配件施工		
			8）施工质量控制要点		

续表

模块	课程	学习单元	课程内容	培训建议	课堂学时
3．装配式建筑工程施工	3-6 部品及细部工程施工	（7）细部工程施工	1）细部工程安装规程 ①橱柜 ②窗帘盒 ③门窗套 ④护栏和扶手 ⑤花饰	（1）方法：讲授法、演示法、实训（练习）法、案例教学法、项目教学法、实物示教法 （2）重点与难点：细部工程施工质量控制	1
			2）细部工程施工质量控制要点		
	3-7 装配率计算与装配式建筑评价	（1）预制部品、部件的装配率计算	1）主体结构装配率的概念及计算	（1）方法：讲授法、演示法、实训（练习）法、案例教学法、项目教学法、实物示教法 （2）重点与难点：装配率计算	1
			2）围护墙、内隔墙装配率的概念及计算		
			3）装修和设备管线的装配率计算		
		（2）装配式建筑评价及优化配置	1）装配式建筑评价	（1）方法：讲授法、演示法、实训（练习）法、案例教学法、项目教学法、实物示教法 （2）重点与难点：装配式优化建筑部品、部件配置	2
			2）装配式建筑部品、部件优化配置		

2.2.4 三级 / 高级职业技能培训课程规范

模块	课程	学习单元	课程内容	培训建议	课堂学时
1．装配式建筑图识读与深化	1-1 装配式建筑图识读	（1）钢筋放样图识读	1）钢筋放样图的内容及作用	（1）方法：讲授法、演示法、实训（练习）法 （2）重点与难点：钢筋放样图的识读	2
			2）钢筋放样图的识读方法		

续表

模块	课程	学习单元	课程内容	培训建议	课堂学时
1. 装配式建筑图识读与深化	1-1 装配式建筑图识读	(2) 模具总装图识读	1) 模具总装图的内容及作用	(1) 方法：讲授法、演示法、实训（练习）法 (2) 重点与难点：模具总装图的识读	2
			2) 模具总装图的识读方法		
		(3) 按照装配式建筑施工图进行现场建筑布置图优化	1) 现场建筑布置图的作用	(1) 方法：讲授法、演示法、实训（练习）法 (2) 重点与难点：现场建筑布置图优化	2
			2) 按照装配式建筑施工图进行现场建筑布置图优化的内容及作用		
			3) 按照装配式建筑施工图进行现场建筑布置图优化的方法		
		(4) 按照装配式建筑施工图进行现场结构布置图优化	1) 现场结构布置图的作用	(1) 方法：讲授法、演示法、实训（练习）法 (2) 重点与难点：现场结构布置图优化	2
			2) 按照装配式建筑施工图进行现场结构布置图优化的内容及作用		
			3) 按照装配式建筑施工图进行现场结构布置图优化的方法		
	1-2 预制构件连接节点的深化	(1) 粗糙面、键槽的设定数量及位置	1) 粗糙面的设定数量及位置	(1) 方法：讲授法、演示法、实训（练习）法、案例教学法、项目教学法 (2) 重点与难点：粗糙面、键槽的设定数量及位置	2
			2) 键槽的设定数量及位置		
		(2) 灌浆套筒、螺栓等相关连接构件的类型及型号选择	1) 灌浆套筒的类型及型号 ①全灌浆套筒 ②半灌浆套筒	(1) 方法：讲授法、演示法、实训（练习）法、案例教学法、项目教学法 (2) 重点与难点：灌浆套筒、螺栓等相关连接构件的类型及型号的选择	2
			2) 螺栓的类型及型号 ①单排螺栓连接 ②双排螺栓连接		

续表

模块	课程	学习单元	课程内容	培训建议	课堂学时
2. 构件生产	2-1 生产工艺设计	(1) 预制构件物料清单编制	1）物料清单组成 2）物料清单编制要求 3）物料计算 4）物料清单编制	(1) 方法：讲授法、演示法、实训（练习）法、案例教学法、项目教学法 (2) 重点与难点：物料计算	2
		(2) 构件制作工艺方案设计	1）构件制作工艺知识 2）按构件类型确定制作工艺 3）按构件类型设计制作方案	(1) 方法：讲授法、演示法、实训（练习）法、案例教学法、项目教学法 (2) 重点与难点：构件制作工艺方案设计	2
		(3) 构件制作工艺方案的选择与优化	1）多方案对比 2）构件制作工艺方案优化	(1) 方法：讲授法、演示法、实训（练习）法、案例教学法、项目教学法 (2) 重点与难点：构件制作工艺方案优化	2
		(4) 钢筋配料与代换	1）钢筋配料 ①根据配筋图绘出单根钢筋简图并编号 ②根据钢筋长度和根数填写配料单并申请加工 2）钢筋代换	(1) 方法：讲授法、演示法、实训（练习）法、案例教学法、项目教学法 (2) 重点与难点：钢筋代换	2
		(5) 成品构件出厂相关资料检查	1）检查产品标识 2）检查二维码 3）检查合格证	(1) 方法：讲授法、演示法、实训（练习）法、案例教学法、项目教学法 (2) 重点与难点：成品构件出厂相关资料检查	1

续表

模块	课程	学习单元	课程内容	培训建议	课堂学时
2. 构件生产	2-2 构件浇筑	(1) 构件原材料计算和配置	1) 钢筋用量计算 ①预制混凝土墙钢筋用量计算 ②预制混凝土板钢筋用量计算 ③预制混凝土楼梯钢筋用量计算	(1) 方法：讲授法、演示法、实训（练习）法、案例教学法、项目教学法 (2) 重点与难点：钢筋用量计算	3
			2) 混凝土各组成材料用量计算		
			3) 预埋件用量计算		
			4) 完成原材料配置表 ①原材料配置表组成 ②相关数据填写		
		(2) 主持较复杂构件的浇筑生产，进行工艺运行调整	1) 按构件类型确定和调整操作流程	(1) 方法：讲授法、演示法、实训（练习）法、案例教学法、项目教学法 (2) 重点与难点：确定混凝土配比	4
			2) 按生产工艺确定和调整操作流程		
			3) 按构件类型确定混凝土配比		
			4) 按生产工艺确定混凝土配比		
		(3) 混凝土浇筑质量控制与验收	1) 检查混凝土浇筑前准备 ①混凝土配比试配 ②确定最终混凝土配比	(1) 方法：讲授法、演示法、实训（练习）法、案例教学法、项目教学法 (2) 重点与难点：混凝土浇筑质量验收	2
			2) 混凝土浇筑质量验收		
			3) 修复构件表面的麻面、蜂窝、尺寸超差等缺陷		
	2-3 构件养护与脱模	(1) 隐蔽工程的质量检查	1) 钢筋笼入模质量检查	(1) 方法：讲授法、演示法、实训（练习）法、案例教学法、项目教学法 (2) 重点与难点：钢筋笼入模质量标准	1
			2) 钢筋保护层质量检查		
			3) 预留孔洞质量检查		

续表

模块	课程	学习单元	课程内容	培训建议	课堂学时
2. 构件生产	2–3 构件养护与脱模	（2）隐蔽工程质量缺陷修复	1）不影响结构性能的局部破损和构件表面非受力裂缝处理	（1）方法：讲授法、演示法、实训（练习）法、案例教学法、项目教学法 （2）重点与难点：表面非受力裂缝处理	1
			2）外装饰材料破损修复		
		（3）构件质量验收	1）脱模构件质量检查	（1）方法：讲授法、演示法、实训（练习）法、案例教学法、项目教学法 （2）重点与难点：表面瑕疵现场处理	2
			2）表面瑕疵现场处理		
			3）填写预制构件质量验收表		
3. 装配式建筑工程施工	3–1 施工准备	（1）生产和施工所需各类原材料进场验收	1）常用施工材料的规格、品种、型号、质量的相关规范、标准	（1）方法：讲授法、演示法、实训（练习）法、案例教学法、项目教学法 （2）重点与难点：原材料质量验收	2
			2）钢筋外观质量验收		
			3）混凝土强度验收		
			4）灌浆料验收		
			5）密封材料、防水材料验收		
		（2）生产和施工所需配件进场验收	1）预应力筋锚具、夹具和连接器等配件验收	（1）方法：讲授法、演示法、实训（练习）法、案例教学法、项目教学法 （2）重点与难点：配件质量验收	2
			2）预埋吊件、墙体拉结件等配件验收		
			3）灌浆套筒、钢筋浆锚波纹管等配件验收		

续表

模块	课程	学习单元	课程内容	培训建议	课堂学时
3. 装配式建筑工程施工	3-1 施工准备	(3) 构件进场协调并优化物流运输方案	1）构件进场协调 ①进场计划 ②场内运输与存放方案	(1) 方法：讲授法、演示法、实训（练习）法、案例教学法、项目教学法 (2) 重点：制定构件存放方案 (3) 难点：优化物流运输方案	1
			2）构件物流运输方案制定与优化		
		(4) 施工机具选用与核对	1）机具的选用	(1) 方法：讲授法、演示法、实训（练习）法、案例教学法、项目教学法 (2) 重点与难点：机具的选用	1
			2）机具型号的核对		
	3-2 现场施工与管理	(1) 组织室内部品施工	1）装配式室内部品安装资源配置	(1) 方法：讲授法、演示法、实训（练习）法、案例教学法、项目教学法 (2) 重点与难点：部品施工工艺流程的制定	2
			2）装配式室内部品施工工艺流程的制定		
			3）装配式室内部品施工技术方案的编制		
		(2) 装配式室内部品施工管理	1）装配式室内部品施工进度计划编制	(1) 方法：讲授法、演示法、实训（练习）法、案例教学法、项目教学法 (2) 重点：部品施工进度控制 (3) 难点：部品施工质量管理	2
			2）装配式室内部品施工进度控制		
			3）装配式室内部品施工质量管理		

续表

<table>
<tr><th>模块</th><th>课程</th><th>学习单元</th><th>课程内容</th><th>培训建议</th><th>课堂学时</th></tr>
<tr><td rowspan="10">3. 装配式建筑工程施工</td><td rowspan="7">3-2 现场施工与管理</td><td rowspan="3">（3）优化前期方案</td><td>1）建筑部品、部件配置优化</td><td rowspan="3">（1）方法：讲授法、演示法、实训（练习）法、案例教学法、项目教学法
（2）重点与难点：前期方案的优化</td><td rowspan="3">3</td></tr>
<tr><td>2）预制构件的规格及其连接节点的优化</td></tr>
<tr><td>3）装配方案的合理化建议</td></tr>
<tr><td rowspan="2">（4）工序交接技术交底</td><td>1）技术交底组织
①人员要求
②交底内容</td><td rowspan="2">（1）方法：讲授法、演示法、实训（练习）法、案例教学法、项目教学法
（2）重点与难点：技术交底组织</td><td rowspan="2">2</td></tr>
<tr><td>2）技术交底记录</td></tr>
<tr><td rowspan="2">（5）机电管线一体化设计施工协调</td><td>1）机电管线一体化设计、施工协调</td><td rowspan="2">（1）方法：讲授法、演示法、实训（练习）法、案例教学法、项目教学法
（2）重点与难点：部品、管线优化配置</td><td rowspan="2">2</td></tr>
<tr><td>2）机电管线预留、预埋现场施工协调</td></tr>
<tr><td rowspan="3">3-3 质量检查与其他措施的应用</td><td rowspan="3">（1）构件装配质量检查</td><td>1）构件装配工程的质量自检
①分部工程质量自检
②单位工程质量自检</td><td rowspan="3">（1）方法：讲授法、演示法、讨论法、案例教学法、项目教学法
（2）重点与难点：异常情况处理</td><td rowspan="3">2</td></tr>
<tr><td>2）构件装配工程的质量交接检</td></tr>
<tr><td>3）异常情况处理</td></tr>
</table>

续表

模块	课程	学习单元	课程内容	培训建议	课堂学时
3. 装配式建筑工程施工	3-3 质量检查与其他措施的应用	（2）构件修复	1）构件质量缺陷的防止 ①裂缝的防止方法 ②气泡的防止方法	（1）方法：讲授法、演示法、实训（练习）法、案例教学法、项目教学法 （2）重点与难点：构件质量缺陷的修复	2
			2）构件质量缺陷的修复		
		（3）制定冬季施工方案	1）冬季施工技术准备	（1）方法：讲授法、演示法、实训（练习）法、案例教学法、项目教学法 （2）重点与难点：冬季施工方案制定	2
			2）冬季施工生产准备		
			3）冬季施工方案制定 ①工艺规程 ②技术方案		
		（4）施工现场安全环保管理	1）构件装配工程安全文明施工措施 ①预制构件的运输安全措施 ②预制构件的存放安全措施 ③预制构件的安装安全措施	（1）方法：讲授法、演示法、实训（练习）法、案例教学法、项目教学法 （2）重点与难点：施工现场安全环保管理	1
			2）施工现场安全事故处理		
			3）施工现场环境保护措施		
4. 装配式建筑工程质量验收	4-1 预制构件的质量验收	（1）预制构件的数量及型号验收	1）预制构件表面标识检验	（1）方法：讲授法、演示法、实训（练习）法、案例教学法、项目教学法 （2）重点与难点：表面标识检验	1
			2）预制构件数量检验		

续表

模块	课程	学习单元	课程内容	培训建议	课堂学时
4. 装配式建筑工程质量验收	4-1 预制构件的质量验收	（2）预制构件的外观质量验收	1）构件外观质量缺陷检验 ①外观质量缺陷分类 ②检验数量要求 ③外观质量缺陷处理方法	（1）方法：讲授法、演示法、实训（练习）法、案例教学法、项目教学法 （2）重点与难点：预制构件外观质量缺陷检验	2
			2）预制构件粗糙面的检验		
			3）预制构件键槽的检验		
			4）预制构件表面贴面砖、石材等饰面的检验		
		（3）预制构件的外形、尺寸精度检验	1）预制构件外形、尺寸精度检验 ①检查项目及允许偏差要求 ②检验方法	（1）方法：讲授法、演示法、实训（练习）法、案例教学法、项目教学法 （2）重点与难点：预制构件外形允许偏差及检验方法	2
			2）构件上的预埋件和预留孔洞等规格型号、数量、位置验收 ①设计要求 ②检查数量要求 ③检验方法		
			3）预制墙板梁柱类构件、装饰构件外形、尺寸精度检验 ①检查项目及允许偏差要求 ②检验方法 ③偏差处理方法		
		（4）预制构件的结构性能检验	1）预制墙板类受弯构件的结构性能检验	（1）方法：讲授法、演示法、实训（练习）法、案例教学法、项目教学法 （2）重点与难点：预制构件的结构性能检验	3
			2）预制梁、板、柱类受弯构件的结构性能检验		

续表

<table>
<tr><th>模块</th><th>课程</th><th>学习单元</th><th>课程内容</th><th>培训建议</th><th>课堂学时</th></tr>
<tr><td rowspan="8">4. 装配式建筑工程质量验收</td><td rowspan="8">4-2 节点连接质量验收</td><td rowspan="2">（1）构件的临时固定措施验收</td><td>1）支撑技术标准及验收
①支撑技术标准
②支撑搭设验收
③支撑拆除验收</td><td rowspan="2">（1）方法：讲授法、演示法、实训（练习）法、案例教学法、项目教学法
（2）重点与难点：临时固定措施的质量标准</td><td rowspan="2">2</td></tr>
<tr><td>2）模板技术标准及验收
①模板技术标准
②模板搭设验收
③模板拆除验收</td></tr>
<tr><td rowspan="3">（2）装配节点连接质量验收</td><td>1）预制构件外墙板与构件、配件的连接质量验收</td><td rowspan="3">（1）方法：讲授法、演示法、实训（练习）法、案例教学法、项目教学法
（2）重点与难点：关键节点质量验收标准</td><td rowspan="3">2</td></tr>
<tr><td>2）连接节点的防腐、防锈、防火、防水、保温构造质量验收</td></tr>
<tr><td>3）接头及拼缝节点质量验收</td></tr>
<tr><td rowspan="3">（3）后浇混凝土质量验收</td><td>1）混凝土强度检验
①评定标准
②取样与试件留置检查数量要求
③检验方法</td><td rowspan="3">（1）方法：讲授法、演示法、实训（练习）法、案例教学法、项目教学法
（2）重点：混凝土验收标准
（3）难点：混凝土强度检验</td><td rowspan="3">3</td></tr>
<tr><td>2）钢筋保护层厚度检验
①检验原则
②检查数量要求
③检验项目及允许偏差要求
④检验方法</td></tr>
<tr><td>3）位置和尺寸检验
①检验原则
②检查数量要求
③检验项目及允许偏差要求
④检验方法</td></tr>
</table>

续表

模块	课程	学习单元	课程内容	培训建议	课堂学时
4. 装配式建筑工程质量验收	4-2 节点连接质量验收	(4) 浆料质量验收	1）灌浆料强度核验	(1) 方法：讲授法、演示法、实训（练习）法、案例教学法、项目教学法 (2) 重点与难点：浆料验收标准	3
			2）坐浆材料强度核验		
			3）灌浆试块检验 ①设计要求 ②检查数量要求 ③检验方法		
4. 装配式建筑工程质量验收	4-3 部品及细部工程施工质量验收	(1) 部品施工质量验收	1）部品施工质量验收项目及流程	(1) 方法：讲授法、演示法、实训（练习）法、案例教学法、项目教学法 (2) 重点与难点：部品施工质量验收标准	2
			2）部品现场试验		
			3）部品隐蔽项目验收		
		(2) 细部工程施工质量验收	1）细部工程施工质量验收项目	(1) 方法：讲授法、演示法、实训（练习）法、案例教学法、项目教学法 (2) 重点与难点：细部工程施工质量验收标准	2
			2）细部工程施工质量验收规程		

2.2.5 二级 / 技师职业技能培训课程规范

模块	课程	学习单元	课程内容	培训建议	课堂学时
1. 装配式建筑图识读与深化	1-1 装配式建筑图识读	(1) 根据装配式建筑施工图进行构件现场施工顺序设计	1）根据装配式建筑施工图进行构件现场施工顺序设计的内容	(1) 方法：讲授法、演示法、讨论法、实训（练习）法 (2) 重点与难点：根据装配式建筑施工图进行构件现场施工顺序设计	2
			2）根据装配式建筑施工图进行构件现场施工顺序设计的方法		

续表

模块	课程	学习单元	课程内容	培训建议	课堂学时
1. 装配式建筑图识读与深化	1-1 装配式建筑图识读	(2) 根据施工图确定所需深化的构件及节点	1) 根据施工图确定所需深化的构件	(1) 方法：讲授法、演示法、讨论法、实训(练习)法 (2) 重点与难点：根据施工图确定所需深化的构件及节点	4
			2) 根据施工图确定所需深化的节点		
	1-2 装配式建筑构件深化	(1) 水平构件的深化	1) 水平构件的深化内容 ①叠合梁 ②叠合板 ③空调板 ④楼梯	(1) 方法：讲授法、演示法、讨论法、实训(练习)法 (2) 重点与难点：水平构件的深化	2
			2) 水平构件的深化方法 ①叠合梁 ②叠合板 ③空调板 ④楼梯		
		(2) 竖向构件的深化	1) 竖向构件的深化内容 ①预制外墙板 ②预制柱	(1) 方法：讲授法、演示法、讨论法、实训(练习)法 (2) 重点与难点：竖向构件的深化	2
			2) 竖向构件的深化方法 ①预制外墙板 ②预制柱		
		(3) 关键节点的深化	1) 关键节点的作用与类别	(1) 方法：讲授法、演示法、讨论法、实训(练习)法 (2) 重点与难点：关键节点的深化	4
			2) 关键节点的深化内容		
			3) 关键节点的深化方法		

续表

模块	课程	学习单元	课程内容	培训建议	课堂学时
2. 施工组织与管理	2-1 生产与施工管理	（1）主持一般的装配式工程施工	1）装配式工程施工技术管理 ①施工工艺、技术方案、资源配置要求 ②专项施工技术要求	（1）方法：讲授法、演示法、讨论法、实训（练习）法、案例教学法、项目教学法、观摩法 （2）重点与难点：装配式工程施工技术管理	4
			2）装配式工程施工进度管理 ①进度计划要求 ②进度控制计划要求		
		（2）施工物资、资料管理	1）常用施工材料的特性及使用部位的相关规范、标准	（1）方法：讲授法、演示法、讨论法、实训（练习）法、案例教学法、项目教学法、观摩法 （2）重点与难点：材料、构件资料管理	1
			2）设备、材料、构件和部品的各种信息数据统计方法		
			3）物料清单编制方法		
		（3）施工材料、构件现场管理	1）堆场布置管理	（1）方法：讲授法、演示法、讨论法、实训（练习）法、案例教学法、项目教学法、观摩法 （2）重点与难点：施工材料、构件现场堆放	1
			2）成品保护管理		
		（4）复核施工机具、临时支撑	1）施工机具、临时支撑的验算 ①验算方法 ②施工机具及临时支撑选择要求 ③临时支撑拆除时间的判断方法	（1）方法：讲授法、演示法、讨论法、实训（练习）法、案例教学法、项目教学法、观摩法 （2）重点与难点：机具与临时支撑的复核	4
			2）施工机具、临时支撑的检查复核		

续表

模块	课程	学习单元	课程内容	培训建议	课堂学时
2. 施工组织与管理	2-1 生产与施工管理	(5) 关键工序质量控制	1) 关键工序质量控制方法	(1) 方法：讲授法、演示法、讨论法、实训(练习)法、案例教学法、项目教学法、观摩法 (2) 重点与难点：关键工序施工技术	4
			2) 施工中的质量通病处理及预防		
	2-2 隐蔽工程质量验收	(1) 钢筋作业质量验收	1) 钢筋质量验收	(1) 方法：讲授法、演示法、实训(练习)法、案例教学法、项目教学法、观摩法 (2) 重点：隐蔽工程的验收标准 (3) 难点：钢筋连接验收	3
			2) 箍筋弯钩的弯折角度及平直段角度验收		
			3) 钢筋的连接方式、接头位置、接头数量、接头面积百分率、搭接长度、锚固方式及锚固长度验收		
		(2) 结合面、预埋件、预留管线施工质量验收	1) 混凝土结合面的粗糙面质量及键槽尺寸、数量、位置验收	(1) 方法：讲授法、演示法、实训(练习)法、案例教学法、项目教学法、观摩法 (2) 重点：结合面的质量验收 (3) 难点：预埋件、预留洞的质量验收	3
			2) 预埋件、预留插筋、预留管线的规格、数量验收		
			3) 预留洞的规格、数量、位置验收		

续表

模块	课程	学习单元	课程内容	培训建议	课堂学时
2. 施工组织与管理	2-2 隐蔽工程质量验收	(3) 灌浆套筒连接、浆锚搭接接头核验及外观质量验收	1）灌浆套筒连接接头核验	(1) 方法：讲授法、演示法、实训（练习）法、案例教学法、项目教学法、观摩法 (2) 重点：隐蔽工程的质量验收 (3) 难点：灌浆套筒连接质量验收	3
			2）灌浆套筒外观质量和尺寸精度检验		
			3）浆锚搭接接头核验		
			4）浆锚搭接接头外观质量和尺寸精度检验		
		(4) 预制构件的焊接连接、螺栓连接核验及外观质量验收	1）机械连接接头质量验收	(1) 方法：讲授法、演示法、实训（练习）法、案例教学法、项目教学法、观摩法 (2) 重点：型钢焊接连接质量验收 (3) 难点：钢筋焊接连接质量验收	3
			2）钢筋焊接连接质量验收		
			3）型钢焊接连接质量验收		
			4）螺栓连接质量验收		
3.“四新”应用	3-1 构件生产“四新”及信息技术应用	(1) 构件生产“四新”及其应用	1）装配式建筑发展新动态和新趋势	(1) 方法：讲授法、演示法、实训（练习）法、案例教学法、项目教学法、观摩法 (2) 重点与难点：构件生产新技术的运用	4
			2）装配式构件生产新技术、新材料、新工艺、新设备的发展动态		
			3）构件生产“四新”应用		
		(2) 运用信息技术进行构件生产及生产管理	1）信息化生产操作知识	(1) 方法：讲授法、演示法、实训（练习）法、案例教学法、项目教学法、观摩法 (2) 重点与难点：信息技术应用	6
			2）用信息化手段进行生产操作		
			3）信息化生产管理知识		
			4）用信息化手段进行生产管理		

续表

模块	课程	学习单元	课程内容	培训建议	课堂学时
3.“四新”应用	3–2 装配施工“四新”及信息技术应用	（1）装配施工“四新”及其应用	1）装配施工新技术、新材料、新工艺、新设备的发展动态	（1）方法：讲授法、演示法、实训（练习）法、案例教学法、项目教学法、观摩法 （2）重点与难点：装配施工新工艺应用	2
			2）装配施工“四新”应用		
		（2）优化施工管理手段	1）装配式建筑施工信息技术应用	（1）方法：讲授法、演示法、实训（练习）法、案例教学法、项目教学法、观摩法 （2）重点与难点：信息技术应用	2
			2）用信息化手段进行施工管理		
4．培训与指导	4–1 理论培训	理论培训	1）培训方案制定	（1）方法：讲授法、演示法、讨论法、观摩法 （2）重点与难点：培训方案制定	3
			2）理论知识讲解		
			3）培训现场组织		
			4）培训效果评价		
	4–2 操作指导	操作技能指导	1）操作演示方法	（1）方法：讲授法、演示法、讨论法、观摩法 （2）重点与难点：操作演示方法	3
			2）五级 / 初级工、四级 / 中级工、三级 / 高级工实操技能评价		

2.2.6 一级 / 高级技师职业技能培训课程规范

模块	课程	学习单元	课程内容	培训建议	课堂学时
1．技术创新	1-1 构件生产技术创新	（1）预制构件生产过程模拟及方案优化	1）信息化技术平台运用知识 2）构件生产方案模拟 3）构件生产方案优化	（1）方法：讲授法、演示法、实训（练习）法、案例教学法、项目教学法、观摩法 （2）重点与难点：信息化技术平台运用	8
		（2）构件生产设备改进与创新	1）生产工艺、生产设备的发展动态 2）生产设备改进 3）生产设备创新	（1）方法：讲授法、演示法、实训（练习）法、案例教学法、项目教学法、观摩法 （2）重点与难点：构件生产设备的改进与创新	8
	1-2 装配施工技术创新	（1）优化、革新装配施工机具、施工工艺	1）装配施工机具的优化与革新 2）装配施工工艺的优化与革新	（1）方法：讲授法、演示法、实训（练习）法、案例教学法、项目教学法、观摩法 （2）重点与难点：装配施工工艺创新	6
		（2）优化施工管理手段	1）利用信息技术创新施工管理手段 2）利用信息技术比选优化施工方案	（1）方法：讲授法、演示法、实训（练习）法、案例教学法、项目教学法、观摩法 （2）重点与难点：比选优化施工方案	4

续表

<table>
<tr><th>模块</th><th>课程</th><th>学习单元</th><th>课程内容</th><th>培训建议</th><th>课堂学时</th></tr>
<tr><td rowspan="12">2. 装配式建筑施工项目管理</td><td rowspan="4">2-1 施工工艺管理</td><td rowspan="2">（1）施工工艺规程编制</td><td>1）工艺规程编制知识</td><td rowspan="2">（1）方法：讲授法、演示法、讨论法、实训（练习）法、案例教学法、项目教学法
（2）重点与难点：施工工艺流程编制</td><td rowspan="2">4</td></tr>
<tr><td>2）编制施工工艺规程</td></tr>
<tr><td rowspan="2">（2）按施工组织计划组织施工</td><td>1）施工组织及施工组织计划知识</td><td rowspan="2">（1）方法：讲授法、演示法、讨论法、实训（练习）法、案例教学法、项目教学法
（2）重点与难点：按施工组织计划组织施工</td><td rowspan="2">4</td></tr>
<tr><td>2）按施工组织计划组织施工</td></tr>
<tr><td rowspan="8">2-2 质量管理</td><td rowspan="4">（1）装配式建筑施工常见质量问题处理及防范</td><td>1）构件生产常见质量问题及解决办法</td><td rowspan="4">（1）方法：讲授法、演示法、讨论法、实训（练习）法、案例教学法、项目教学法
（2）重点与难点：装配式建筑施工常见的质量问题处理</td><td rowspan="4">4</td></tr>
<tr><td>2）装配施工常见质量问题及解决办法</td></tr>
<tr><td>3）构件生产质量隐患防范措施</td></tr>
<tr><td>4）装配施工质量隐患防范措施</td></tr>
<tr><td rowspan="3">（2）质量分析与控制</td><td>1）质量分析知识</td><td rowspan="3">（1）方法：讲授法、讨论法、实训（练习）法
（2）重点：质量控制方法</td><td rowspan="3">2</td></tr>
<tr><td>2）质量控制方法</td></tr>
<tr><td>3）国际质量体系认证知识</td></tr>
<tr><td>（3）质量保障制度的制定与实施</td><td>1）操作规程、质量控制规程制定
2）生产质量责任制的制定与落实</td><td>（1）方法：讲授法、讨论法、实训（练习）法
（2）重点与难点：生产质量责任制的制定与落实</td><td>2</td></tr>
</table>

续表

模块	课程	学习单元	课程内容	培训建议	课堂学时
2．装配式建筑施工项目管理	2–3 安全管理	（1）装配式建筑施工安全风险管理	1）装配式建筑施工安全风险类型 2）装配式建筑施工安全风险识别 3）装配式建筑施工安全风险防范	（1）方法：讲授法、演示法、讨论法、实训（练习）法、案例教学法、项目教学法 （2）重点与难点：安全风险管理	3
		（2）分析安全管理存在问题的原因，并提出安全管理建议	1）分析安全管理存在问题的原因 2）提出安全管理的建议	（1）方法：讲授法、演示法、讨论法、实训（练习）法、案例教学法、项目教学法 （2）重点与难点：安全管理的建议	3
	2–4 信息技术应用	（1）利用物联网平台进行质量全过程追溯	1）物联网平台相关知识 2）物联网平台相关操作 3）质量全过程追溯 ①材料 ②设备 ③构件 ④部品	（1）方法：讲授法、演示法、讨论法、实训（练习）法、案例教学法、项目教学法 （2）重点与难点：质量全过程追溯	2
		（2）建立信息化协同工作机制，实现信息共享	1）建立信息化协同工作机制 2）全过程管理平台应用 ①构件生产全过程管理平台 ②装配施工全过程管理平台	（1）方法：讲授法、演示法、讨论法、实训（练习）法、案例教学法、项目教学法 （2）重点：信息化协同工作机制的建立 （3）难点：全过程管理平台应用	4

续表

模块	课程	学习单元	课程内容	培训建议	课堂学时
3．培训与指导	3–1 理论培训	理论培训教学文件的编制	1）教学计划与大纲的编制方法	（1）方法：讲授法、演示法、讨论法、观摩法 （2）重点与难点：教学计划与大纲的编制方法	4
			2）教案的编写要求和方法		
			3）教学组织方法		
			4）教学考核方法		
	3–2 操作指导	实训指导文件的编制	实训教学指导书的编制方法	（1）方法：讲授法、演示法、讨论法、观摩法 （2）重点与难点：实训指导方法运用	2

2.2.7 培训建议中培训方法说明

（1）讲授法

讲授法指教师主要运用语音讲述，系统地向学员传授知识，传播思想理念的教学方法。即教师通过叙述、描绘、解释、推论来传递信息、传授知识、阐明概念、论证定律和公式，引导学员获取知识，认知和分析问题。

（2）讨论法

讨论法指在教师的指导下，学员以班级或小组为单位，围绕学习单元的内容，对某一专题进行深入探讨，通过讨论或辩论活动，获得知识或巩固知识的一种教学方法，要求教师在讨论结束时对讨论的主题做归纳性总结。

（3）实训（练习）法

实训（练习）法指学员在教师的指导下巩固知识、运用知识、形成技能技巧的教学方法。通过实际操作的练习，形成操作技能。

（4）参观法

参观法指教师组织或指导学员进行实地观察、调查、研究和学习，使学员获得新知识或巩固已学知识的教学方法。参观教学法可细分为准备性参观、并行性参观、总结性参观等。

（5）演示法

演示法指在教学过程中，教师通过示范操作和讲解使学员获得知识、技能的教学方法。教学中，教师对操作内容进行现场演示，边操作边讲解，强调操作的关键步骤和注意事项，使学员边学边做，理论与技能并重，师生互动，提高学生的学习效率。

（6）案例教学法

案例教学法指通过对案例进行分析，提出问题，分析问题，并找到解决问题的途径和手段，培养学员分析问题、处理问题能力的教学方法。

（7）项目教学法

项目教学法指以实际应用为目的，将理论知识与实际工作相结合，通过师生共同完成一个完整的项目工作，使学员获得知识和实践操作能力与解决实际问题能力的教学方法。其实施以小组为单位，步骤一般分为确定项目任务、计划、决策、实施、检查和评价 6 个步骤。强调学员在学习过程中的主体地位，以学员为中心，以学员学习为主、教师指导为辅，通过完成教学项目，激发学员的学习积极性，使学员既获得相关理论知识，又掌握实践技能和工作方法，提高学员解决实际问题的综合能力。

（8）实物示教法

实物示教法指教师通过实物的操作演示或对学员实物操作演示的评价，实现对学员技能操作步骤和要领掌握情况的检查、纠错、修正，并演示正确操作方法的教学方法。

（9）观摩法

观摩法指学员通过现场观摩、观看视频等形式，学习、获取知识、技能的教学方法。

2.3 考核规范

2.3.1 职业基本素质培训考核规范

考核范围	考核比重（%）	考核内容	考核比重（%）	考核单元
1. 职业认知与职业道德	10	1–1　职业认知	2	职业认知
		1–2　职业道德基本知识	5	道德与职业道德
		1–3　职业守则	3	职业守则

续表

<table>
<tr><th>考核范围</th><th>考核比重（%）</th><th>考核内容</th><th>考核比重（%）</th><th>考核单元</th></tr>
<tr><td rowspan="17">2. 建筑施工基础知识</td><td rowspan="17">35</td><td>2–1　建筑材料基础知识</td><td>5</td><td>建筑材料基本知识</td></tr>
<tr><td>2–2　建筑识图基础知识</td><td>5</td><td>建筑工程识图基本知识</td></tr>
<tr><td>2–3　建筑构造基础知识</td><td>5</td><td>建筑构造基本知识</td></tr>
<tr><td>2–4　建筑结构基础知识</td><td>5</td><td>建筑结构基本知识</td></tr>
<tr><td>2–5　建筑安装工程造价基础知识</td><td>3</td><td>工程造价基本知识</td></tr>
<tr><td rowspan="3">2–6　建筑工程测量基础知识</td><td rowspan="3">3</td><td>（1）测量的基本工作</td></tr>
<tr><td>（2）施工控制测量的知识</td></tr>
<tr><td>（3）建筑变形观测的知识</td></tr>
<tr><td rowspan="6">2–7　建筑工程施工基础知识</td><td rowspan="6">5</td><td>（1）地基与基础工程施工</td></tr>
<tr><td>（2）砌体工程施工</td></tr>
<tr><td>（3）钢筋混凝土工程施工</td></tr>
<tr><td>（4）钢结构工程施工</td></tr>
<tr><td>（5）防水工程施工</td></tr>
<tr><td>（6）装饰装修工程施工</td></tr>
<tr><td rowspan="2">2–8　装配式建筑简介</td><td rowspan="2">4</td><td>（1）装配式建筑概述</td></tr>
<tr><td>（2）装配式建筑分类</td></tr>
<tr style="display:none"></tr>
<tr><td rowspan="3">3. 节能与环保知识</td><td rowspan="3">10</td><td>3–1　节能常识</td><td>4</td><td>建筑节能基本知识</td></tr>
<tr><td rowspan="2">3–2　建筑新技术、新能源知识</td><td rowspan="2">6</td><td>（1）建筑新技术</td></tr>
<tr><td>（2）建筑新能源</td></tr>
<tr><td rowspan="4">4. 建筑施工安全知识</td><td rowspan="4">20</td><td>4–1　分项工程安全生产的基本要求</td><td>6</td><td>分项工程安全生产知识</td></tr>
<tr><td>4–2　施工机械的安全使用</td><td>6</td><td>施工机械的安全使用</td></tr>
<tr><td>4–3　工地防火与防爆知识</td><td>4</td><td>工地防火与防爆知识</td></tr>
<tr><td>4–4　拆除工程的安全技术</td><td>4</td><td>拆除工程的安全技术</td></tr>
<tr><td rowspan="3">5. 岗位管理相关知识</td><td rowspan="3">15</td><td>5–1　施工项目现场管理知识</td><td>5</td><td>施工项目现场管理知识</td></tr>
<tr><td>5–2　施工项目技术管理知识</td><td>5</td><td>施工项目技术管理知识</td></tr>
<tr><td>5–3　施工项目质量管理知识</td><td>5</td><td>施工项目质量管理知识</td></tr>
</table>

续表

考核范围	考核比重（%）	考核内容	考核比重（%）	考核单元
6. 相关法律、法规知识	4	相关法律、法规知识	4	建筑施工法律、法规知识
7. 相关技术标准、规程知识	6	相关技术标准、规程知识	6	建筑施工技术标准、规程知识

2.3.2 五级 / 初级职业技能培训理论知识考核规范

考核范围	考核比重（%）	考核内容	考核比重（%）	考核单元
1. 装配式建筑图识读	10	1–1 建筑图集识读	5	（1）建筑施工图图集识读
				（2）结构施工图图集识读
				（3）设备施工图图集识读
		1–2 建筑图识读	5	（1）基础的建筑图识读
				（2）基础的结构图识读
				（3）基础的设备图识读
2. 构件生产养护与存放、运输	40	2–1 模具准备	9	（1）模具选择
				（2）模具清理、养护
				（3）模具脱模剂涂刷
		2–2 钢筋绑扎与预埋件预埋	14	（1）钢筋作业准备
				（2）钢筋及预埋件存放
				（3）钢筋摆放与绑扎
				（4）工完料清操作
		2–3 构件浇筑	4	（1）浇筑材料与机具准备
				（2）工完料清操作
		2–4 构件脱模养护	9	（1）养护构件入库、出库操作
				（2）构件脱模操作
				（3）工完料清操作
		2–5 成品构件存放与运输	4	（1）构件的直立及水平存放操作
				（2）成品构件装车与摆放

续表

考核范围	考核比重（%）	考核内容	考核比重（%）	考核单元
3. 装配式建筑工程施工	50	3-1　构件装配前准备	20	（1）施工进场准备
				（2）成品保护准备
				（3）清点构件数量
				（4）安全防护用具准备
				（5）施工机具准备
				（6）预制构件准备
				（7）构件连接材料准备
				（8）其他配件及辅料准备
		3-2　构件的吊装	10	（1）清理吊装前的工作面
				（2）辅助构件挂钩及试吊
				（3）协助将构件吊落至指定位置
				（4）协助拆除临时支撑与限位装置
				（5）工完料清操作
		3-3　灌浆连接	8	（1）灌浆作业面清理
				（2）灌浆接缝边沿封堵
				（3）工完料清操作
		3-4　后浇连接	12	（1）结合面清理
				（2）后浇构件的预埋件安装准备
				（3）后浇构件的钢筋连接和绑扎准备
				（4）墙板间后浇段模板支设
				（5）协助拆除模板、斜支撑、楼面支撑
				（6）工完料清操作

2.3.3　五级 / 初级职业技能培训操作技能考核规范

考核范围	考核比重（%）	考核内容	考核比重（%）	考核形式	选考方式	考核时间（分钟）	重要程度
1. 装配式建筑图识读	10	1–1　建筑图集识读	5	实操	必考	15	X
		1–2　建筑图识读	5	实操	必考	15	X
2. 构件生产养护与存放、运输	40	2–1　模具准备	8	实操	必考	20	Z
		2–2　钢筋绑扎与预埋件预埋	5	实操	必考	20	X
		2–3　构件浇筑	10	实操	必考	30	X
		2–4　构件脱模养护	10	实操	必考	30	X
		2–5　成品构件存放与运输	7	实操	必考	30	X
3. 装配式建筑工程施工	50	3–1　构件装配前准备	10	实操	必考	20	X
		3–2　构件的吊装	15	实操	必考	30	X
		3–3　灌浆连接	15	实操	必考	30	X
		3–4　后浇连接	10	实操	必考	30	X

注：“X”表示核心要素，是考核中最重要、出现频率也最高的内容；“Y”表示一般要素，是考核中一般重要的内容；“Z”表示辅助要素，是考核中重要程度最低的内容。

2.3.4　四级 / 中级职业技能培训理论知识考核规范

考核范围	考核比重（%）	考核内容	考核比重（%）	考核单元
1. 装配式建筑图识读与深化	10	1–1　装配式建筑图识读	2	（1）装配式建筑平面图识读
				（2）装配式建筑立面图识读
				（3）装配式建筑剖面图识读
				（4）装配式钢筋混凝土结构体系识读
				（5）装配式钢结构体系识读
				（6）装配式木结构体系识读
		1–2　装配式建筑施工图的深化	5	（1）相关专业的预埋件设置
				（2）相关专业的预留孔洞设置
				（3）构件的吊装、运输设计

续表

考核范围	考核比重（%）	考核内容	考核比重（%）	考核单元
1. 装配式建筑图识读与深化	10	1-3 构件拆分与详图设计	3	（1）钢筋锚固、搭接长度确定
				（2）预制梁节点处钢筋的碰撞问题处理
				（3）预制柱节点处钢筋的碰撞问题处理
2. 构件生产养护与存放、运输	35	2-1 模具组装、校准	7	（1）模具组装
				（2）模具组装前校准
				（3）模具组装后校准
		2-2 钢筋绑扎与预埋件预埋	7	（1）钢筋加工
				（2）钢筋连接
				（3）预埋件固定
				（4）预留孔洞临时封堵
		2-3 构件浇筑	12	（1）上料准备
				（2）物料计量
				（3）混凝土制备
				（4）混凝土浇筑操作
				（5）混凝土振捣操作
		2-4 构件养护	6	（1）正确选择各类构件养护方式与养护时间
				（2）控制构件养护条件和监测养护状态
		2-5 成品构件存放与运输	3	（1）按照成品构件种类、规格和应用项目不同进行分类标识
				（2）外露金属件的防腐、防锈
3. 装配式建筑工程施工	55	3-1 施工准备	8	（1）构件现场堆放
				（2）施工机具检查与调试
				（3）施工机具维护和保养
				（4）构件装配工程质量自检
				（5）构件装配的测量、放线与定位

续表

考核范围	考核比重（%）	考核内容	考核比重（%）	考核单元
3. 装配式建筑工程施工	55	3–2　构件吊装	10	（1）预埋件、预埋管道、限位装置等的预埋 / 预留
				（2）构件与吊具的连接
				（3）安全起吊构件，吊装就位
				（4）竖向构件定位、垂直度、标高校正
				（5）水平构件位置、标高校正
				（6）外围护构件校正
		3–3　临时支撑及限位装置的搭设与拆除	5	（1）搭设斜向、竖向支撑及限位装置
				（2）校正斜向、竖向支撑及限位装置的位置
				（3）临时支撑及限位装置拆除
		3–4　构件灌浆连接	10	（1）灌浆前结合面检查
				（2）灌浆料制备与留置
				（3）套筒灌浆的坐浆及灌浆操作
				（4）灌浆后保护
		3–5　后浇混凝土连接	10	（1）构件连接前的结合面检查
				（2）竖向构件间节点钢筋连接施工
				（3）竖向构件与水平构件间节点钢筋连接施工
				（4）水平构件间节点钢筋连接施工
				（5）预埋件、预埋管道、预埋螺栓的安装
				（6）竖向构件间节点模板与支架的搭设与拆除
				（7）竖向构件与水平构件间节点模板与支架的搭设与拆除
				（8）水平构件间节点模板与支架的搭设与拆除
				（9）预制 PCF 板节点模板与支架的搭设与拆除
				（10）混凝土浇筑振捣
				（11）构件浆锚连接、螺栓连接、焊接连接
				（12）构件安装缝的防水施工

续表

考核范围	考核比重（%）	考核内容	考核比重（%）	考核单元
3. 装配式建筑工程施工	55	3-6 部品及细部工程施工	8	（1）装配式内隔墙施工
				（2）装配式内墙面施工
				（3）装配式吊顶施工
				（4）装配式楼地面施工
				（5）装配式内门窗施工
				（6）厨卫部品施工
				（7）细部工程施工
		3-7 装配率计算及装配式建筑评价	4	（1）预制部品、部件的装配率计算
				（2）装配式建筑评价及优化配置

2.3.5 四级 / 中级职业技能培训操作技能考核规范

考核范围	考核比重（%）	考核内容	考核比重（%）	考核形式	选考方式	考核时间（分钟）	重要程度
1. 装配式建筑图识读与深化	10	1-1 装配式建筑图识读	2	实操	必考	10	X
		1-2 装配式建筑施工图的深化	3	实操	必考	15	X
		1-3 构件拆分与详图设计	5	实操	必考	15	X
2. 构件生产养护与存放、运输	35	2-1 模具组装、校准	5	实操	必考	20	X
		2-2 钢筋绑扎与预埋件预埋	8	实操	必考	20	X
		2-3 构件浇筑	12	实操	必考	20	X
		2-4 构件养护	5	实操	必考	20	X
		2-5 成品构件存放与运输	5	实操	必考	20	X

续表

考核范围	考核比重（%）	考核内容	考核比重（%）	考核形式	选考方式	考核时间（分钟）	重要程度
3. 装配式建筑工程施工	55	3-1 施工准备	2	实操	必考	20	X
		3-2 构件吊装	14	实操	必考	30	X
		3-3 临时支撑及限位装置的搭设与拆除	8	实操	必考	20	X
		3-4 构件灌浆连接	10	实操	必考	30	X
		3-5 后浇混凝土连接	8	实操	必考	30	X
		3-6 部品及细部工程施工	9	实操	必考	30	X
		3-7 装配率计算与装配式建筑评价	4	实操	必考	20	X

2.3.6 三级 / 高级职业技能培训理论知识考核规范

考核范围	考核比重（%）	考核内容	考核比重（%）	考核单元
1. 装配式建筑图识读与深化	15	1-1 装配式建筑图识读	7	（1）钢筋放样图识读
				（2）模具总装图识读
				（3）按照装配式建筑施工图进行现场建筑布置图优化
				（4）按照装配式建筑施工图进行现场结构布置图优化
		1-2 预制构件连接节点的深化	8	（1）粗糙面、键槽的设定数量及位置
				（2）灌浆套筒、螺栓等相关连接构件的类型及型号选择
2. 构件生产	30	2-1 生产工艺设计	12	（1）预制构件物料清单编制
				（2）构件制作工艺方案设计
				（3）构件制作工艺方案的选择与优化
				（4）钢筋配料与代换
				（5）成品构件出厂相关资料检查
		2-2 构件浇筑	12	（1）构件原材料计算和配置
				（2）主持较复杂构件的浇筑生产，进行工艺运行调整
				（3）混凝土浇筑质量控制与验收

续表

考核范围	考核比重（%）	考核内容	考核比重（%）	考核单元
2. 构件生产	30	2-3　构件养护与脱模	6	（1）隐蔽工程的质量检查
				（2）隐蔽工程质量缺陷修复
				（3）构件质量验收
3. 装配式建筑工程施工	40	3-1　施工准备	10	（1）生产和施工所需各类原材料进场验收
				（2）生产和施工所需配件进场验收
				（3）构件进场协调并优化物流运输方案
				（4）施工机具选用与核对
		3-2　现场施工与管理	20	（1）组织室内部品施工
				（2）装配式室内部品施工管理
				（3）优化前期方案
				（4）工序交接技术交底
				（5）机电管线一体化设计、施工协调
		3-3　质量检查与其他措施的应用	10	（1）构件装配质量检查
				（2）构件修复
				（3）制定冬季施工方案
				（4）施工现场安全环保管理
4. 装配式建筑工程质量验收	15	4-1　预制构件的质量验收	5	（1）预制构件的数量及型号验收
				（2）预制构件的外观质量验收
				（3）预制构件的外形、尺寸精度检验
				（4）预制构件的结构性能检验
		4-2　节点连接质量验收	7	（1）构件的临时固定措施验收
				（2）节点连接质量验收
				（3）后浇混凝土质量验收
				（4）浆料质量验收
		4-3　部品及细部工程施工质量验收	3	（1）部品施工质量验收
				（2）细部工程施工质量验收

2.3.7 三级 / 高级职业技能培训操作技能考核规范

考核范围	考核比重（%）	考核内容	考核比重（%）	考核形式	选考方式	考核时间（分钟）	重要程度
1. 装配式建筑图识读与深化	15	1–1 装配式建筑图识读	8	实操	必考	20	X
		1–2 预制构件连接节点的深化	7	实操	必考	20	X
2. 构件生产	30	2–1 生产工艺设计	12	实操	必考	30	X
		2–2 构件浇筑	12	实操	必考	30	X
		2–3 构件养护与脱模	6	实操	必考	30	X
3. 装配式建筑工程施工	40	3–1 施工准备	10	实操	必考	30	X
		3–2 现场施工与管理	20	实操	必考	30	X
		3–3 质量检查与其他措施的应用	10	实操	必考	30	X
4. 装配式建筑工程质量验收	15	4–1 预制构件的质量验收	5	实操	必考	30	X
		4–2 节点连接质量验收	5	实操	必考	30	X
		4–3 部品及细部工程施工质量验收	5	实操	必考	30	X

2.3.8 二级 / 技师职业技能培训理论知识考核规范

考核范围	考核比重（%）	考核内容	考核比重（%）	考核单元
1. 装配式建筑图识读与深化	20	1–1 装配式建筑图识读	10	（1）根据装配式建筑施工图进行构件现场施工顺序设计
				（2）根据施工图确定所需深化的构件及节点
		1–2 装配式建筑构件深化	10	（1）水平构件的深化
				（2）竖向构件的深化
				（3）关键节点的深化

续表

考核范围	考核比重（%）	考核内容	考核比重（%）	考核单元
2. 施工组织与管理	50	2-1 生产与施工管理	30	（1）主持一般的装配式工程施工
				（2）施工物资、资料管理
				（3）施工材料、构件现场管理
				（4）复核施工机具、临时支撑
				（5）关键工序质量控制
		2-2 隐蔽工程质量验收	20	（1）钢筋作业质量验收
				（2）结合面、预埋件、预留管线质量验收
				（3）灌浆套筒连接、浆锚搭接接头核验及外观质量验收
				（4）预制构件的焊接连接、螺栓连接核验及外观质量验收
3.“四新”应用	20	3-1 构件生产“四新”及信息技术应用	10	（1）构件生产“四新”及其应用
				（2）运用信息技术进行构件生产及生产管理
		3-2 装配施工“四新”及信息技术应用	10	（1）装配施工“四新”及其应用
				（2）优化施工管理手段
4. 培训与指导	10	4-1 理论培训	5	理论培训
		4-2 操作指导	5	操作技能指导

2.3.9 二级 / 技师职业技能培训操作技能考核规范

考核范围	考核比重（%）	考核内容	考核比重（%）	考核形式	选考方式	考核时间（分钟）	重要程度
1. 装配式建筑图识读与深化	20	1-1 装配式建筑图识读	10	实操	必考	20	X
		1-2 装配式建筑构件深化	10	实操	必考	20	X
2. 施工组织与管理	50	2-1 生产与施工管理	30	实操	必考	30	X
		2-2 隐蔽工程质量验收	20	实操	必考	30	X

续表

考核范围	考核比重（%）	考核内容	考核比重（%）	考核形式	选考方式	考核时间（分钟）	重要程度
3.“四新”应用	20	3-1 构件生产“四新”及信息技术应用	10	笔试+口试	必考	30	X
		3-2 装配施工“四新”及信息技术应用	10	笔试+口试	必考	30	X
4. 培训与指导	10	4-1 理论培训	5	实操+口试	必考	20	X
		4-2 操作指导	5	实操+口试	必考	20	X

2.3.10 一级 / 高级技师职业技能培训理论知识考核规范

考核范围	考核比重（%）	考核内容	考核比重（%）	考核单元
1. 技术创新	20	1-1 构件生产技术创新	10	（1）预制构件生产过程模拟及方案优化
				（2）构件生产设备改进与创新
		1-2 装配施工技术创新	10	（1）优化、革新施工机具、施工工艺
				（2）优化施工管理手段
2. 装配式建筑施工项目管理	70	2-1 施工工艺管理	15	（1）施工工艺规程编制
				（2）按施工组织计划组织施工
		2-2 质量管理	20	（1）装配式建筑施工常见质量问题处理及防范
				（2）质量分析与控制
				（3）质量保障制度的制定与实施
		2-3 安全管理	20	（1）装配式建筑施工安全风险管理
				（2）分析安全管理存在问题的原因，并提出安全管理建议
		2-4 信息技术应用	15	（1）利用物联网平台进行质量全过程追溯
				（2）建立信息化协同工作机制，实现信息共享
3. 培训与指导	10	3-1 理论培训	5	理论培训教学文件的编制
		3-2 操作指导	5	实训指导文件的编制

2.3.11 一级 / 高级技师职业技能培训操作技能考核规范

考核范围	考核比重（%）	考核内容	考核比重（%）	考核形式	选考方式	考核时间（分钟）	重要程度
1-1 技术创新	20	1-1 构件生产技术创新	10	笔试＋口试	必考	20	X
		1-2 装配施工技术创新	10	笔试＋口试	必考	20	X
1-2 装配式建筑施工项目管理	70	2-1 施工工艺管理	25	实操＋口试	必考	30	X
		2-2 质量管理	10	笔试＋口试	必考	30	X
		2-3 安全管理	10	笔试＋口试	必考	30	X
		2-4 信息技术应用	25	实操＋口试	必考	30	X
1-3 培训与指导	10	3-1 理论培训	5	实操＋口试	必考	20	X
		3-2 操作指导	5	实操＋口试	必考	20	X

附录

培训要求与课程规范对照表

附录 1　职业基本素质培训要求与课程规范对照表

<table>
<tr><th colspan="3">2.1.1　职业基本素质培训要求</th><th colspan="4">2.2.1　职业基本素质培训课程规范</th></tr>
<tr><th>职业基本素质模块（模块）</th><th>培训内容（课程）</th><th>培训细目</th><th>学习单元</th><th>课程内容</th><th>培训建议</th><th>课堂学时</th></tr>
<tr><td rowspan="12">1. 职业认知与职业道德</td><td rowspan="2">1-1　职业认知</td><td rowspan="2">（1）装配式建筑施工员简介
（2）装配式建筑施工员的工作内容</td><td rowspan="2">职业认知</td><td>1）装配式建筑业认知</td><td rowspan="2">（1）方法：讲授法
（2）重点与难点：装配式建筑施工员的工作内容</td><td rowspan="2">1</td></tr>
<tr><td>2）装配式建筑施工员职业认知</td></tr>
<tr><td rowspan="4">1-2　职业道德基本知识</td><td rowspan="4">（1）“四德”建设的主要内容
（2）社会主义核心价值观
（3）职业道德修养
（4）装配式建筑施工员职业道德规范</td><td rowspan="4">道德与职业道德</td><td>1）道德
①道德的含义
②维持道德的依据
③公民道德规范</td><td rowspan="4">（1）方法：讲授法、案例教学法
（2）重点与难点：装配式建筑施工员的职业道德规范</td><td rowspan="4">1</td></tr>
<tr><td>2）社会主义核心价值观</td></tr>
<tr><td>3）职业道德
①职业道德的概念
②各行业共同的道德内容
③加强职业道德修养</td></tr>
<tr><td>4）装配式建筑施工员的职业道德规范</td></tr>
<tr><td rowspan="6">1-3　职业守则</td><td rowspan="6">装配式建筑施工员职业守则</td><td rowspan="6">职业守则</td><td>1）遵章守纪，爱岗敬业</td><td rowspan="6">（1）方法：讲授法、案例教学法
（2）重点与难点：装配式建筑施工员的职业守则</td><td rowspan="6">1</td></tr>
<tr><td>2）善于学习，精通业务</td></tr>
<tr><td>3）严守规程，精益求精</td></tr>
<tr><td>4）杜绝违章，确保安全</td></tr>
<tr><td>5）文明施工，保证质量</td></tr>
<tr><td>6）勤俭节约，杜绝浪费</td></tr>
</table>

续表

2.1.1 职业基本素质培训要求			2.2.1 职业基本素质培训课程规范			
职业基本素质模块（模块）	培训内容（课程）	培训细目	学习单元	课程内容	培训建议	课堂学时
2. 建筑施工基础知识	2–1 建筑材料基础知识	（1）建筑材料的分类 （2）建筑材料的基本性能	建筑材料基本知识	1）无机胶凝材料 ①通用水泥的特性、主要技术性质及应用 ②特性水泥的分类、特性及应用	（1）方法：讲授法、演示法、讨论法、实训（练习）法、参观法、案例教学法、项目教学法、实物示教法、观摩法 （2）重点与难点：各类建筑材料的特性及主要技术性质	2
				2）混凝土 ①普通混凝土 ②轻混凝土 ③高性能混凝土 ④预拌混凝土 ⑤常用混凝土外加剂		
				3）砂浆		
				4）石材、砖和砌块		
				5）金属材料 ①钢结构用钢材 ②钢筋混凝土结构用钢材		
				6）防水材料		
				7）建筑节能材料		
	2–2 建筑识图基础知识	（1）施工图识读概述 （2）建筑施工图识读 （3）结构施工图识读	建筑工程识图基本知识	1）施工图的基本知识 ①房屋建筑施工图的组成及作用 ②房屋建筑施工图的图示特点 ③制图标准相关规定	（1）方法：讲授法、演示法、讨论法、实训（练习）法、参观法、案例教学法、项目教学法、实物示教法、观摩法 （2）重点与难点：施工图的图示方法及内容	4
				2）施工图的图示方法及内容 ①建筑施工图 ②结构施工图		
				3）施工图的绘制与识读		
	2–3 建筑构造基础知识	（1）建筑物分类及等级划分 （2）建筑物的构造组成 （3）室内环境及抗震要求	建筑构造基本知识	1）民用建筑的基本构造组成 ①基础 ②墙体或柱 ③屋顶 ④门或窗 ⑤地坪 ⑥楼板 ⑦楼梯	（1）方法：讲授法、演示法、讨论法、实训（练习）法、参观法、案例教学法、项目教学法、实物示教法、观摩法 （2）重点与难点：民用建筑的基本构造	4

续表

2.1.1　职业基本素质培训要求			2.2.1　职业基本素质培训课程规范			
职业基本素质模块（模块）	培训内容（课程）	培训细目	学习单元	课程内容	培训建议	课堂学时
2. 建筑施工基础知识	2-3　建筑构造基础知识	（1）建筑物分类及等级划分 （2）建筑物的构造组成 （3）室内环境及抗震要求	建筑构造基本知识	2）常见基础的构造 ①地基与基础的传力关系 ②砖及毛石基础的构造 ③钢筋混凝土基础的构造 ④桩基础的构造	（1）方法：讲授法、演示法、讨论法、实训（练习）法、参观法、案例教学法、项目教学法、实物示教法、观摩法 （2）重点与难点：民用建筑的基本构造	4
				3）墙体和地下室的构造 ①砌块墙的细部构造 ②隔墙的构造 ③幕墙的一般构造 ④地下室防潮及防水构造		
				4）楼板的构造 ①现浇整体式钢筋混凝土楼板构造 ②预制装配式钢筋混凝土楼板构造 ③楼地面防水的基本构造		
				5）垂直交通设施的一般构造 ①钢筋混凝土楼梯的构造 ②坡道及台阶的构造 ③电梯与自动扶梯的构造		
				6）门与窗的构造 ①塑钢门窗的基本构造 ②金属门窗的基本构造 ③门窗与建筑主体的连接构造		
				7）屋顶的基本构造 ①屋顶的防水及排水构造 ②屋顶的保温与隔热构造 ③屋顶的细部构造		

续表

2.1.1 职业基本素质培训要求			2.2.1 职业基本素质培训课程规范			
职业基本素质模块（模块）	培训内容（课程）	培训细目	学习单元	课程内容	培训建议	课堂学时
2. 建筑施工基础知识	2-3 建筑构造基础知识	（1）建筑物分类及等级划分 （2）建筑物的构造组成 （3）室内环境及抗震要求	建筑构造基本知识	8）变形缝的构造 ①伸缩缝的构造 ②沉降缝的构造 ③防震缝的构造	（1）方法：讲授法、演示法、讨论法、实训（练习）法、参观法、案例教学法、项目教学法、实物示教法、观摩法 （2）重点与难点：民用建筑的基本构造	4
				9）民用建筑的一般装饰构造 ①地面的一般装饰构造 ②墙面的一般装饰构造 ③顶棚的一般装饰构造		
	2-4 建筑结构基础知识	（1）建筑结构分类 （2）不同受力和构造特点的建筑结构	建筑结构基本知识	1）基础 ①无筋扩展基础 ②扩展基础 ③桩基础	（1）方法：讲授法、演示法、讨论法、实训（练习）法、参观法、案例教学法、项目教学法、实物示教法、观摩法 （2）重点与难点：不同建筑结构的受力和构造特点	4
				2）混凝土结构构件的受力		
				3）现浇混凝土结构楼盖 ①单向板肋形楼盖 ②无梁楼盖 ③井式楼盖		
				4）常见的钢结构 ①构件的连接 ②构件的受力		
				5）砌体结构 ①砌体结构的材料及强度等级 ②砌体结构构件的承载力 ③砌体结构的构造层次		
				6）建筑抗震知识 ①地震的相关概念 ②建筑物的震害及分析 ③抗震设计的一般规定		

续表

<table>
<tr><th colspan="3">2.1.1 职业基本素质培训要求</th><th colspan="4">2.2.1 职业基本素质培训课程规范</th></tr>
<tr><th>职业基本素质模块（模块）</th><th>培训内容（课程）</th><th>培训细目</th><th>学习单元</th><th>课程内容</th><th>培训建议</th><th>课堂学时</th></tr>
<tr><td rowspan="17">2. 建筑施工基础知识</td><td rowspan="6">2–5 建筑安装工程造价基础知识</td><td rowspan="6">（1）建筑安装工程造价构成
（2）设备及工/器具购置费的构成
（3）工程建设其他费用的构成
（4）预备费及建设期利息</td><td rowspan="6">工程造价的基本知识</td><td>1）工程造价基本概念</td><td rowspan="6">（1）方法：讲授法、演示法、讨论法、实训（练习）法、参观法、案例教学法、项目教学法、实物示教法、观摩法
（2）重点与难点：工程造价的定额计价</td><td rowspan="6">2</td></tr>
<tr><td>2）建筑安装工程造价的构成</td></tr>
<tr><td>3）工程造价的定额计价
①工程定额体系
②工程定额计价的基本程序</td></tr>
<tr><td>4）设备及工/器具购置费的构成</td></tr>
<tr><td>5）工程建设其他费用的构成</td></tr>
<tr><td>6）预备费及建设期利息</td></tr>
<tr><td rowspan="11">2–6 建筑工程测量基础知识</td><td rowspan="11">（1）测量的基本工作
（2）施工控制测量的知识
（3）建筑变形观测的知识</td><td rowspan="4">（1）测量的基本工作</td><td>1）水准仪的使用</td><td rowspan="4">（1）方法：讲授法、演示法、讨论法、实训（练习）法、参观法、案例教学法、项目教学法、实物示教法、观摩法
（2）重点与难点：各种测量仪器的使用方法</td><td rowspan="4">1</td></tr>
<tr><td>2）经纬仪的使用</td></tr>
<tr><td>3）全站仪的使用</td></tr>
<tr><td>4）测距仪的使用</td></tr>
<tr><td rowspan="5">（2）施工控制测量的知识</td><td>1）建筑物的定位</td><td rowspan="5">（1）方法：讲授法、演示法、讨论法、实训（练习）法、参观法、案例教学法、项目教学法、实物示教法、观摩法
（2）重点与难点：施工测量操作</td><td rowspan="5">2</td></tr>
<tr><td>2）建筑物的放线</td></tr>
<tr><td>3）基础施工测量</td></tr>
<tr><td>4）墙体施工测量</td></tr>
<tr><td>5) 构件安置施工测量</td></tr>
<tr><td rowspan="2">（3）建筑变形观测的知识</td><td>1）建筑变形观测的概念</td><td rowspan="2">（1）方法：讲授法、演示法、讨论法、实训（练习）法、参观法、案例教学法、项目教学法、实物示教法、观摩法
（2）重点与难点：变形观测的主要内容</td><td rowspan="2">1</td></tr>
<tr><td>2）变形观测的主要内容
①沉降观测
②倾斜观测
③裂缝观测
④水平位移观测</td></tr>
</table>

续表

2.1.1 职业基本素质培训要求			2.2.1 职业基本素质培训课程规范			
职业基本素质模块（模块）	培训内容（课程）	培训细目	学习单元	课程内容	培训建议	课堂学时
2. 建筑施工基础知识	2-7 建筑工程施工基础知识	（1）地基与基础工程施工 （2）砌体工程施工 （3）钢筋混凝土工程施工 （4）钢结构工程施工 （5）防水工程施工 （6）装饰装修工程施工	（1）地基与基础工程施工	1）土质的工程分类 2）常用人工地基处理方法 ①换土垫层法 ②夯实地基法 ③挤密桩施工法 ④深层密实法 ⑤预压法 3）基坑（槽）开挖、支护及回填方法 4）混凝土基础施工工艺 ①钢筋混凝土扩展基础 ②筏形基础 ③箱形基础 5）砖基础施工工艺 6）桩基础施工工艺 ①预制桩施工 ②钻、挖、冲孔灌注桩施工 ③人工挖孔扩底灌注桩施工	（1）方法：讲授法、演示法、讨论法、实训（练习）法、参观法、案例教学法、项目教学法、实物示教法、观摩法 （2）重点与难点：地基的处理方法	2
			（2）砌体工程施工	1）常见脚手架搭设施工工艺 ①常用落地式脚手架 ②常用非落地式脚手架 2）砖砌体施工工艺 3）毛石砌体施工工艺 4）砌块砌体施工工艺	（1）方法：讲授法、演示法、讨论法、实训（练习）法、参观法、案例教学法、项目教学法、实物示教法、观摩法 （2）重点与难点：砌块砌体的施工工艺	2
			（3）钢筋混凝土工程施工	1）常见的模板种类、特性 2）模板的安装与拆除施工要点	（1）方法：讲授法、演示法、讨论法、实训（练习）法、参观法、案例教学法、项目教学法、实物示教法、观摩法 （2）重点：混凝土工程施工工艺 （3）难点：钢筋工程施工工艺	2

续表

2.1.1 职业基本素质培训要求			2.2.1 职业基本素质培训课程规范			
职业基本素质模块（模块）	培训内容（课程）	培训细目	学习单元	课程内容	培训建议	课堂学时
2. 建筑施工基础知识	2-7 建筑工程施工基础知识	（1）地基与基础工程施工 （2）砌体工程施工 （3）钢筋混凝土工程施工 （4）钢结构工程施工 （5）防水工程施工 （6）装饰装修工程施工	（3）钢筋混凝土工程施工	3）钢筋工程施工工艺 ①钢筋加工 ②钢筋的连接 ③钢筋安装	（1）方法：讲授法、演示法、讨论法、实训（练习）法、参观法、案例教学法、项目教学法、实物示教法、观摩法 （2）重点：混凝土工程施工工艺 （3）难点：钢筋工程施工工艺	2
				4）混凝土工程施工工艺 ①混凝土拌和料的运输 ②混凝土浇筑 ③混凝土养护		
			（4）钢结构工程施工	1）钢结构的连接方法 ①焊接 ②螺栓连接 ③自动螺钉连接 ④铆钉连接	（1）方法：讲授法、演示法、讨论法、实训（练习）法、参观法、案例教学法、项目教学法、实物示教法、观摩法 （2）重点与难点：钢结构安装施工工艺	2
				2）钢结构安装施工工艺		
			（5）防水工程施工	1）砂浆、混凝土防水施工工艺	（1）方法：讲授法、演示法、讨论法、实训（练习）法、参观法、案例教学法、项目教学法、实物示教法、观摩法 （2）重点与难点：防水工程的施工工艺	1
				2）涂料防水施工工艺		
				3）卷材防水施工工艺		
			（6）装饰装修工程施工	1）楼地面工程施工工艺 ①水泥砂浆楼地面施工 ②陶瓷地砖楼地面施工 ③石材楼地面铺设施工 ④木地板楼地面施工	（1）方法：讲授法、演示法、讨论法、实训（练习）法、参观法、案例教学法、项目教学法、实物示教法、观摩法 （2）重点与难点：装修工程的施工工艺	1
				2）一般抹灰工程施工工艺		
				3）涂饰工程施工工艺		
				4）门窗工程施工工艺		

续表

2.1.1 职业基本素质培训要求			2.2.1 职业基本素质培训课程规范			
职业基本素质模块（模块）	培训内容（课程）	培训细目	学习单元	课程内容	培训建议	课堂学时
2. 建筑施工基础知识	2-8 装配式建筑简介	（1）装配式建筑概述 （2）装配式建筑分类	（1）装配式建筑概述	1）装配式建筑的特征与优势 2）装配式建筑的发展背景与意义 3）装配式建筑的发展史	（1）方法：讲授法、演示法、讨论法 （2）重点与难点：装配式建筑的特征	1
			（2）装配式建筑分类	1）按建筑结构体系分类 2）按构件材料分类 3）按结构技术体系分类	（1）方法：讲授法、演示法、讨论法、参观法、实物示教法、观摩法 （2）重点与难点：装配式建筑的分类	1
3. 节能与环保知识	3-1 节能常识	建筑节能常识	建筑节能基本知识	1）建筑节能的含义及其意义	（1）方法：讲授法、演示法、讨论法、参观法、案例教学法、项目教学法、实物示教法、观摩法 （2）重点：建筑节能基本途径	1
				2）我国建筑节能的发展现状		
				3）我国建筑节能的目标和任务		
				4）我国建筑节能设计的气候分区		
				5）建筑能耗的构成及节能基本途径		
				6）建筑节能设计中常用的基本术语		
	3-2 建筑新技术、新能源知识	（1）建筑新技术知识 （2）建筑新能源知识	（1）建筑新技术	1）太阳能的利用技术	（1）方法：讲授法、演示法、讨论法、实训（练习）法、参观法、案例教学法、项目教学法、实物示教法、观摩法 （2）重点与难点：建筑新技术	1
				2）热泵节能技术		
				3）风能利用技术		
			（2）建筑新能源	1）太阳能	（1）方法：讲授法、演示法、讨论法、实训（练习）法、参观法、案例教学法、项目教学法、实物示教法、观摩法 （2）重点与难点：建筑新能源	
				2）地热能		
				3）风能		

续表

2.1.1　职业基本素质培训要求			2.2.1　职业基本素质培训课程规范			
职业基本素质模块（模块）	培训内容（课程）	培训细目	学习单元	课程内容	培训建议	课堂学时
4. 建筑施工安全知识	4–1　分项工程安全生产的基本要求	（1）桩基工程安全生产要求 （2）土方工程安全生产要求 （3）钢筋混凝土工程安全生产要求 （4）屋面与防水工程安全生产要求 （5）结构吊装工程安全生产要求 （6）设备、管道工程安全生产要求 （7）现场临时用电安全知识 （8）爆破工程安全生产要求 （9）砌筑及装饰工程安全生产要求	分项工程安全生产知识	1）桩基工程施工安全 2）土方工程施工安全 3）钢筋混凝土工程施工安全 ①模板的制作、安装与拆除 ②钢筋加工、绑扎、安装 ③现场搅拌与灌注混凝土 4）屋面与防水工程施工安全 5）结构吊装工程施工安全 ①安装工程施工特点 ②安装人员注意事宜 ③吊装工程安全技术 6）设备、管道工程施工安全 7）现场临时用电安全 ①电器接地或接零 ②配电箱 ③施工用电线路 ④施工照明 ⑤漏电保护 8）爆破工程施工安全 ①爆破作业安全操作规定 ②易发生事故 9）砌筑及装饰工程施工安全	（1）方法：讲授法、讨论法、参观法、演示法、案例教学法、项目教学法、实物示教法、观摩法 （2）重点与难点：钢筋混凝土工程施工安全知识	4

续表

<table>
<tr><th colspan="3">2.1.1 职业基本素质培训要求</th><th colspan="4">2.2.1 职业基本素质培训课程规范</th></tr>
<tr><th>职业基本素质模块（模块）</th><th>培训内容（课程）</th><th>培训细目</th><th>学习单元</th><th>课程内容</th><th>培训建议</th><th>课堂学时</th></tr>
<tr><td rowspan="8">4. 建筑施工安全知识</td><td rowspan="7">4-2 施工机械的安全使用</td><td rowspan="7">（1）塔式起重机的安全使用
（2）其他工程机械、车辆的安全使用</td><td rowspan="7">施工机械的安全使用</td><td>1）施工机械安全操作一般规定</td><td rowspan="7">（1）方法：讲授法、讨论法、参观法、演示法、案例教学法、项目教学法、实物示教法、观摩法
（2）重点与难点：起重机械的安全操作</td><td rowspan="7">4</td></tr>
<tr><td>2）起重机械安全使用
①塔式起重机
②卷扬机
③龙门井架提升机</td></tr>
<tr><td>3）木工机械安全使用
①安全使用注意事项
②常见事故分析</td></tr>
<tr><td>4）搅拌机械安全使用
①搅拌机安全使用要求
②常见事故分析
③混凝土振捣器安全管理</td></tr>
<tr><td>5）钢筋加工机械安全使用</td></tr>
<tr><td>6）焊接机械安全使用
①气焊与气割安全技术
②电焊安全技术
③气瓶使用、运输、储存安全技术</td></tr>
<tr><td>7）打夯机械安全使用
①打夯机械安全使用注意事项
②常见事故分析</td></tr>
<tr><td>4-3 工地防火与防爆知识</td><td>（1）防火基本原理
（2）防爆基本原理
（3）化学危险物品燃爆特性
（4）防火与防爆技术措施</td><td>工地防火与防爆知识</td><td>1）燃烧与爆炸</td><td>（1）方法：讲授法、案例教学法
（2）重点与难点：重点部位和重点工种的防火要求</td><td>2</td></tr>
</table>

续表

<table>
<tr><th colspan="3">2.1.1　职业基本素质培训要求</th><th colspan="4">2.2.1　职业基本素质培训课程规范</th></tr>
<tr><th>职业基本素质模块（模块）</th><th>培训内容（课程）</th><th>培训细目</th><th>学习单元</th><th>课程内容</th><th>培训建议</th><th>课堂学时</th></tr>
<tr><td rowspan="7">4. 建筑施工安全知识</td><td rowspan="6">4-3　工地防火与防爆知识</td><td rowspan="6">（1）防火基本原理
（2）防爆基本原理
（3）化学危险物品燃爆特性
（4）防火与防爆技术措施</td><td rowspan="6">工地防火与防爆知识</td><td>2）消防基本知识
①火灾的原因
②灭火的基本方法
③灭火器材的使用
④防火的基本措施
⑤灭火现场的组织工作</td><td rowspan="6">（1）方法：讲授法、讨论法、参观法、演示法、案例教学法、项目教学法、实物示教法、观摩法
（2）重点与难点：重点部位和重点工种的防火要求</td><td rowspan="6">2</td></tr>
<tr><td>3）重点部位和重点工种的防火要求
①电焊、气割的防火要求
②电工的防火要求
③使用喷灯的防火安全措施及操作注意事项</td></tr>
<tr><td>4）特殊施工现场的防火与防爆要求
①地下工程施工的防火与防爆要求
②古建筑修缮过程中的防火与防爆要求</td></tr>
<tr><td>5）高层建筑防火与防爆要求
①高层建筑施工的特点
②高层建筑施工的火灾危险性
③高层建筑施工防火与防爆要求</td></tr>
<tr><td>6）不同季节防火与防爆要求</td></tr>
<tr><td>7）防火与防爆检查
①防火与防爆检查的内容
②火险隐患整改的要求</td></tr>
<tr><td>4-4　拆除工程的安全技术</td><td>（1）拆除工程的安全技术规定
（2）拆除工程施工准备
（3）拆除施工
（4）拆除工程施工安全管理</td><td>拆除工程的安全技术</td><td>1）拆除工程的准备工作
①技术准备
②现场准备
③机械设备、材料的准备
④成立组织领导机构，组织劳动力</td><td>（1）方法：讲授法、讨论法、参观法、演示法、案例教学法、项目教学法、观摩法
（2）重点与难点：拆除工程的安全技术规定</td><td>2</td></tr>
</table>

续表

<table>
<tr><th colspan="3">2.1.1 职业基本素质培训要求</th><th colspan="4">2.2.1 职业基本素质培训课程规范</th></tr>
<tr><th>职业基本素质模块（模块）</th><th>培训内容（课程）</th><th>培训细目</th><th>学习单元</th><th>课程内容</th><th>培训建议</th><th>课堂学时</th></tr>
<tr><td rowspan="2">4. 建筑施工安全知识</td><td rowspan="2">4–4 拆除工程的安全技术</td><td rowspan="2">（1）拆除工程的安全技术规定
（2）拆除工程施工准备
（3）拆除施工
（4）拆除工程施工安全管理</td><td rowspan="2">拆除工程的安全技术</td><td>2）拆除工程的施工组织设计
①拆除工程施工组织设计编制原则
②拆除工程施工组织设计编制的依据
③施工组织设计的内容</td><td rowspan="2">（1）方法：讲授法、讨论法、参观法、演示法、案例教学法、项目教学法、观摩法
（2）重点与难点：拆除工程的安全技术规定</td><td rowspan="2">2</td></tr>
<tr><td>3）拆除工程的安全技术规定</td></tr>
<tr><td rowspan="9">5. 岗位管理相关知识</td><td rowspan="3">5–1 施工项目现场管理知识</td><td rowspan="3">（1）项目管理基本知识
（2）施工项目现场管理的内容</td><td rowspan="3">施工项目现场管理知识</td><td>1）项目管理基本知识</td><td rowspan="3">（1）方法：讲授法、讨论法、参观法、演示法、案例教学法、项目教学法、观摩法
（2）重点与难点：施工项目现场管理组织</td><td rowspan="3">1</td></tr>
<tr><td>2）施工项目现场管理的概念</td></tr>
<tr><td>3）施工项目现场管理的内容
①规划及报批施工用地
②设计施工现场平面图
③建立施工现场管理组织
④文明施工现场管理</td></tr>
<tr><td rowspan="6">5–2 施工项目技术管理知识</td><td rowspan="6">（1）施工项目技术管理的任务与内容
（2）施工项目技术管理流程与管理工作
（3）施工项目技术管理机构设置</td><td rowspan="6">施工项目技术管理知识</td><td>1）施工项目技术管理的任务及作用</td><td rowspan="6">（1）方法：讲授法、讨论法、参观法、演示法、案例教学法、项目教学法、观摩法
（2）重点与难点：施工项目技术管理</td><td rowspan="6">1</td></tr>
<tr><td>2）施工项目技术管理的内容</td></tr>
<tr><td>3）施工项目技术管理的总体流程</td></tr>
<tr><td>4）施工项目技术管理工作</td></tr>
<tr><td>5）施工项目技术管理运作程序</td></tr>
<tr><td>6）施工项目技术管理机构设置
①施工项目技术管理工作体系
②施工项目技术管理机构
③项目经理部技术工作要求
④技术部门主要工作</td></tr>
</table>

续表

2.1.1 职业基本素质培训要求			2.2.1 职业基本素质培训课程规范			
职业基本素质模块（模块）	培训内容（课程）	培训细目	学习单元	课程内容	培训建议	课堂学时
5. 岗位管理相关知识	5-3 施工项目质量管理知识	（1）施工项目质量管理计划编制 （2）施工质量验收程序及组织	施工项目质量管理知识	1）施工项目质量管理计划编制 ①施工项目质量管理计划编制的依据及内容 ②施工项目质量管理计划的编制要求 2）施工项目质量控制系统建立及运行 ①建设工程项目质量控制的基本原理 ②建设工程项目质量控制系统的构成 3）施工项目生产要素质量控制 ①劳动主体 ②劳动对象 ③施工工艺 ④施工设备 ⑤施工环境 4）施工项目工序质量控制 ①质量控制点的设置和管理 ②质量预控 ③成品保护 5）施工项目质量验收程序及组织	（1）方法：讲授法、讨论法、演示法、参观法、案例教学法、观摩法 （2）重点与难点：施工项目质量控制及验收	2
6. 相关法律、法规知识	相关法律、法规知识	（1）《中华人民共和国劳动合同法》及其实施条例相关知识 （2）《中华人民共和国安全生产法》相关知识 （3）《中华人民共和国建筑法》相关知识 （4）《建设工程安全生产管理条例》相关知识 （5）《建设工程质量管理条例》相关知识	建筑施工法律、法规知识	1）《中华人民共和国劳动合同法》及其实施条例相关知识 ①工作时间和休息休假 ②工资 ③劳动安全卫生 ④职业培训 ⑤社会保险和福利	（1）方法：讲授法、讨论法 （2）重点与难点：法律、法规的运用	2

续表

2.1.1 职业基本素质培训要求			2.2.1 职业基本素质培训课程规范			
职业基本素质模块（模块）	培训内容（课程）	培训细目	学习单元	课程内容	培训建议	课堂学时
6. 相关法律、法规知识	相关法律、法规知识	（1）《中华人民共和国劳动合同法》及其实施条例相关知识 （2）《中华人民共和国安全生产法》相关知识 （3）《中华人民共和国建筑法》相关知识 （4）《建设工程安全生产管理条例》相关知识 （5）《建设工程质量管理条例》相关知识	建筑施工法律、法规知识	2）《中华人民共和国安全生产法》相关知识 ①从业人员的安全生产权利和义务 ②安全生产的监督管理 ③法律责任 3）《中华人民共和国建筑法》相关知识 ①建筑工程监理 ②建筑安全生产管理 ③建筑工程质量管理 ④法律责任 4）《建设工程安全生产管理条例》相关知识 ①建设单位的安全责任 ②施工单位的安全责任 ③生产安全事故的应急救援和调查处理 ④法律责任 5）《建设工程质量管理条例》相关知识 ①施工单位的质量责任和义务 ②工程监理单位的质量责任和义务 ③建设工程质量保修	（1）方法：讲授法、讨论法 （2）重点与难点：法律、法规的运用	2
7. 相关技术标准、规程知识	相关技术标准、规程知识	（1）《装配式建筑评价标准》相关知识 （2）《装配式混凝土建筑技术标准》相关知识 （3）《装配式混凝土结构技术规程》相关知识 （4）《装配式钢结构建筑技术标准》相关知识 （5）《装配式木结构建筑技术标准》相关知识 （6）《装配式住宅建筑设计标准》相关知识 （7）《装配式混凝土结构建筑工程施工图设计文件技术审查要点》相关知识	建筑施工技术标准、规程知识	1）《装配式建筑评价标准》相关知识 2）《装配式混凝土建筑技术标准》相关知识 3）《装配式混凝土结构技术规程》相关知识 4）《装配式钢结构建筑技术标准》相关知识 5）《装配式木结构建筑技术标准》相关知识	（1）方法：讲授法、讨论法 （2）重点与难点：技术标准、规程的应用	4

续表

2.1.1 职业基本素质培训要求			2.2.1 职业基本素质培训课程规范			
职业基本素质模块（模块）	培训内容（课程）	培训细目	学习单元	课程内容	培训建议	课堂学时
7. 相关技术标准、规程知识	相关技术标准、规程知识	（1）《装配式建筑评价标准》相关知识 （2）《装配式混凝土建筑技术标准》相关知识 （3）《装配式混凝土结构技术规程》相关知识 （4）《装配式钢结构建筑技术标准》相关知识 （5）《装配式木结构建筑技术标准》相关知识 （6）《装配式住宅建筑设计标准》相关知识 （7）《装配式混凝土结构建筑工程施工图设计文件技术审查要点》相关知识		6）《装配式住宅建筑设计标准》相关知识	（1）方法：讲授法、讨论法 （2）重点与难点：技术标准、规程的应用	4
				7）《装配式混凝土结构建筑工程施工图设计文件技术审查要点》相关知识		

附录 2　五级 / 初级职业技能培训要求与课程规范对照表

2.1.2 五级 / 初级职业技能培训要求				2.2.2 五级 / 初级职业技能培训课程规范			
职业功能模块（模块）	工作内容（课程）	技能目标	培训细目	学习单元	课程内容	培训建议	课堂学时
1. 装配式建筑图识读	1-1 建筑图集识读	能识读建筑图集	（1）识读建筑施工图图集 （2）识读结构施工图图集 （3）识读设备施工图图集	（1）建筑施工图图集识读	1）建筑施工图图集的内容及作用	（1）方法：讲授法、演示法、讨论法、实训（练习）法、案例教学法、项目教学法 （2）重点与难点：建筑施工图图集的识读	2
					2）建筑施工图图集识读方法		
				（2）结构施工图图集识读	1）结构施工图图集的内容及作用	（1）方法：讲授法、演示法、讨论法、实训（练习）法、案例教学法、项目教学法 （2）重点与难点：结构施工图图集的识读	2
					2）结构施工图图集识读方法		

续表

2.1.2 五级 / 初级职业技能培训要求				2.2.2 五级 / 初级职业技能培训课程规范			
职业功能模块（模块）	工作内容（课程）	技能目标	培训细目	学习单元	课程内容	培训建议	课堂学时
1. 装配式建筑图识读	1-1 建筑图集识读	能识读建筑图集	（1）识读建筑施工图图集 （2）识读结构施工图图集 （3）识读设备施工图图集	（3）设备施工图图集识读	1）设备施工图图集的内容及作用 2）设备施工图图集识读方法	（1）方法：讲授法、演示法、讨论法、实训（练习）法、案例教学法、项目教学法 （2）重点与难点：设备施工图图集的识读	2
	1-2 建筑图识读	能识读基础的建筑图	（1）识读基础的建筑图 （2）识读基础的结构图 （3）识读基础的设备图	（1）基础的建筑图识读	1）基础的建筑图的内容及作用 2）基础的建筑图识读方法	（1）方法：讲授法、演示法、讨论法、实训（练习）法、案例教学法、项目教学法 （2）重点与难点：基础的建筑图的识读	1
				（2）基础的结构图识读	1）基础的结构图的内容及作用 2）基础的结构图识读方法	（1）方法：讲授法、演示法、讨论法、实训（练习）法、案例教学法、项目教学法 （2）重点与难点：基础的结构图的识读	1
				（3）基础的设备图识读	1）基础的设备图的内容及作用 2）基础的设备图识读方法	（1）方法：讲授法、演示法、讨论法、实训（练习）法、案例教学法、项目教学法 （2）重点与难点：基础的设备图的识读	1
2. 构件生产养护与存放、运输	2-1 模具准备	2-1-1 能正确选择模具	（1）选择模具类型 （2）选择具体模具	（1）模具选择	1）模具的作用 2）模具的类型及选择 ①独立式模具 ②大底模式模具	（1）方法：讲授法、演示法、实训（练习）法、参观法、案例教学法、项目教学法、实物示教法 （2）重点与难点：具体模具的选择	2

续表

<table>
<tr><th colspan="4">2.1.2　五级 / 初级职业技能培训要求</th><th colspan="4">2.2.2　五级 / 初级职业技能培训课程规范</th></tr>
<tr><th>职业功能模块（模块）</th><th>工作内容（课程）</th><th>技能目标</th><th>培训细目</th><th>学习单元</th><th>课程内容</th><th>培训建议</th><th>课堂学时</th></tr>
<tr><td rowspan="17">2. 构件生产养护与存放、运输</td><td rowspan="9">2-1　模具准备</td><td>2-1-1　能正确选择模具</td><td>（1）选择模具类型
（2）选择具体模具</td><td>（1）模具选择</td><td>3）具体模具的选择
①大底模（平台）模具
②叠合楼板模具
③阳台板模具
④楼梯模具
⑤内墙板模具
⑥外墙板模具</td><td>（1）方法：讲授法、演示法、实训（练习）法、参观法、案例教学法、项目教学法、实物示教法
（2）重点与难点：具体模具的选择</td><td>2</td></tr>
<tr><td rowspan="4">2-1-2　能进行模具的清污、除锈、保养</td><td rowspan="4">（1）给模具清污、除锈
（2）保养模具</td><td rowspan="4">（2）模具清理、养护</td><td>1）模具表面清污</td><td rowspan="4">（1）方法：讲授法、演示法、实训（练习）法、参观法、案例教学法、项目教学法、实物示教法
（2）重点与难点：模具保养</td><td rowspan="4">2</td></tr>
<tr><td>2）模具表面除锈</td></tr>
<tr><td>3）模具保养要求、标准</td></tr>
<tr><td>4）模具保养步骤、方法</td></tr>
<tr><td rowspan="4">2-1-3　能进行模具脱模剂涂刷</td><td rowspan="4">（1）涂刷前清理
（2）涂刷脱模剂</td><td rowspan="4">（3）模具脱模剂涂刷</td><td>1）模具表面清理</td><td rowspan="4">（1）方法：讲授法、演示法、实训（练习）法、参观法、案例教学法、项目教学法、实物示教法
（2）重点与难点：涂刷脱模剂</td><td rowspan="4">2</td></tr>
<tr><td>2）脱模剂的类型、作用</td></tr>
<tr><td>3）脱模剂涂刷的要求、标准</td></tr>
<tr><td>4）脱模剂涂刷步骤</td></tr>
<tr><td rowspan="8">2-2　钢筋绑扎与预埋件预埋</td><td rowspan="4">2-2-1　能进行钢筋作业准备</td><td rowspan="4">（1）选用钢筋加工工具
（2）准备操作设备</td><td rowspan="4">（1）钢筋作业准备</td><td>1）常用钢筋加工工具的类型、作用</td><td rowspan="4">（1）方法：讲授法、演示法、实训（练习）法、参观法、案例教学法、项目教学法、实物示教法
（2）重点与难点：钢筋加工设备的选择</td><td rowspan="4">1</td></tr>
<tr><td>2）常用钢筋加工工具的选择</td></tr>
<tr><td>3）常用钢筋加工设备的类型、作用</td></tr>
<tr><td>4）常用钢筋加工设备的选择</td></tr>
<tr><td rowspan="4">2-2-2　能正确进行钢筋及预埋件存放</td><td rowspan="4">（1）按批次、等级、型号挂牌
（2）存放原材料钢筋及预埋件
（3）存放加工好的钢筋及预埋件</td><td rowspan="4">（2）钢筋及预埋件存放</td><td>1）按钢筋批次、等级、型号挂牌
①钢筋的等级、型号分类与性能
②钢筋的连接件分类与性能
③按钢筋型号挂牌</td><td rowspan="4">（1）方法：讲授法、演示法、实训（练习）法、参观法、案例教学法、项目教学法、实物示教法
（2）重点与难点：钢筋存放</td><td rowspan="4">2</td></tr>
<tr><td>2）预埋件的类型及作用</td></tr>
<tr><td>3）原材料钢筋及预埋件存放</td></tr>
<tr><td>4）加工好的钢筋及预埋件存放</td></tr>
</table>

续表

2.1.2 五级 / 初级职业技能培训要求				2.2.2 五级 / 初级职业技能培训课程规范			
职业功能模块（模块）	工作内容（课程）	技能目标	培训细目	学习单元	课程内容	培训建议	课堂学时
2. 构件生产养护与存放、运输	2-2 钢筋绑扎与预埋件预埋	2-2-3 能进行钢筋摆放与绑扎	（1）依据配筋图摆放钢筋 （2）选取绑扎工具进行钢筋绑扎	（3）钢筋摆放与绑扎	1）钢筋摆放的要求、标准 2）钢筋摆放的步骤、方法 3）绑扎工具的选择 4）钢筋绑扎的步骤、方法	（1）方法：讲授法、演示法、实训（练习）法、参观法、案例教学法、项目教学法、实物示教法 （2）重点与难点：钢筋摆放顺序、标准	3
		2-2-4 能进行工完料清操作	（1）进行工序后清理 （2）归还设备、清点钢筋入库	（4）工完料清操作	1）本工序完成后的清理工作 ①机具清理 ②场地清理 2）设备归还 3）钢筋清点入库	（1）方法：讲授法、演示法、实训（练习）法、参观法、案例教学法、项目教学法、实物示教法 （2）重点与难点：钢筋清点入库	1
	2-3 构件浇筑	2-3-1 能进行浇筑材料与机具准备	（1）准备水泥、砂、石子等材料 （2）准备主要机具	（1）浇筑材料与机具准备	1）水泥、砂、石子准备 ①水泥的性能、要求与复验 ②砂的性能、要求 ③石子的性能、要求 2）浇筑机具准备 ①混凝土搅拌机的类型、作用 ②混凝土搅拌机的选择	（1）方法：讲授法、演示法、实训（练习）法、参观法、案例教学法、项目教学法、实物示教法 （2）重点与难点：浇筑材料的性能要求	2
		2-3-2 能进行工完料清操作	（1）进行工序后清理 （2）送构件至下道工序	（2）工完料清操作	1）本工序完成后的清理工作 ①设备清理 ②场地清理 2）构件运送至下道工序 3）构件交接	（1）方法：讲授法、演示法、实训（练习）法、参观法、案例教学法、项目教学法、实物示教法 （2）重点与难点：工序完成后的清理工作	2
	2-4 构件脱模养护	2-4-1 能进行养护构件入库、出库操作	（1）按操作规程将养护构件入库 （2）按操作规程将养护构件出库	（1）养护构件入库、出库操作	1）养护构件入库操作流程 2）养护构件出库操作流程 3）设备操作 ①模台 ②码垛机	（1）方法：讲授法、演示法、实训（练习）法、参观法、案例教学法、项目教学法、实物示教法 （2）重点与难点：出入库设备操作	2

续表

2.1.2　五级 / 初级职业技能培训要求				2.2.2　五级 / 初级职业技能培训课程规范			
职业功能模块（模块）	工作内容（课程）	技能目标	培训细目	学习单元	课程内容	培训建议	课堂学时
2. 构件生产养护与存放、运输	2-4 构件脱模养护	2-4-2 能进行构件脱模操作	（1）根据脱模条件正确判断是否脱模 （2）构件脱模	（2）构件脱模操作	1）构件脱模的条件 ①脱模温度要求 ②脱模强度要求 2）构件脱模的要求、标准 3）构件脱模的步骤、方法	（1）方法：讲授法、演示法、实训（练习）法、参观法、案例教学法、项目教学法、实物示教法 （2）重点与难点：构件脱模的条件	3
		2-4-3 能进行工完料清操作	（1）清理构件、工具归位 （2）清理环境	（3）工完料清操作	1）清理构件、归位工具 2）环境清理 ①作业面清理 ②场地清理	（1）方法：讲授法、演示法、实训（练习）法、参观法、案例教学法、项目教学法、实物示教法 （2）重点与难点：构件清理	1
	2-5 成品构件存放与运输	2-5-1 能进行构件的直立及水平存放操作	（1）构件直立存放 （2）构件水平存放	（1）构件的直立及水平存放操作	1）成品构件存放场地条件要求 2）成品构件摆放的步骤、方法 3）直立存放操作的步骤、方法 4）水平存放操作的步骤、方法	（1）方法：讲授法、演示法、实训（练习）法、参观法、案例教学法、项目教学法、实物示教法 （2）重点与难点：构件存放的基本原则	2
		2-5-2 能进行成品构件装车与摆放	（1）按照装车顺序进行成品构件装车 （2）在成品构件运输前进行构件摆放	（2）成品构件装车与摆放	1）成品构件装车要求 2）成品构件装车步骤、摆放方法	（1）方法：讲授法、演示法、实训（练习）法、参观法、案例教学法、项目教学法、实物示教法 （2）重点与难点：构件装车顺序	2
3. 装配式建筑工程施工	3-1 构件装配前准备	3-1-1 能进行施工进场准备	（1）现场办公条件准备 （2）现场场地准备	（1）施工进场准备	1）现场办公条件准备 2）进场场地准备 ①运输道路的硬化要求 ②堆放场地要求	（1）方法：讲授法、演示法、实训（练习）法、参观法、案例教学法、项目教学法、实物示教法 （2）重点与难点：进场场地准备	1

续表

2.1.2 五级 / 初级职业技能培训要求				2.2.2 五级 / 初级职业技能培训课程规范			
职业功能模块（模块）	工作内容（课程）	技能目标	培训细目	学习单元	课程内容	培训建议	课堂学时
3. 装配式建筑工程施工	3-1 构件装配前准备	3-1-2 能采取防护措施进行成品保护	（1）成品保护的准备 （2）按操作规程进行成品保护	（2）成品保护准备	1）成品保护的内容 2）预制构件成品保护操作规程 3）预埋件、预埋管道及预埋螺栓成品保护操作规程 4）后浇段混凝土成品保护操作规程	（1）方法：讲授法、演示法、实训（练习）法、参观法、案例教学法、项目教学法、实物示教法 （2）重点与难点：成品保护操作规程	2
		3-1-3 能根据吊装顺序清点构件数量	根据构件的吊装顺序清点、记录	（3）清点构件数量	1）构件的吊装顺序 2）构件的放置顺序 3）构件的清点、记录	（1）方法：讲授法、演示法、实训（练习）法、参观法、案例教学法、项目教学法、实物示教法 （2）重点与难点：构件的吊装顺序	1
		3-1-4 能根据工序要求准备安全防护用具	（1）根据工序要求选择安全防护用具 （2）检查安全防护用具	（4）安全防护用具准备	1）安全防护用具的分类及作用 2）安全防护用具的选择 3）安全防护用具的检查	（1）方法：讲授法、演示法、实训（练习）法、参观法、案例教学法、项目教学法、实物示教法 （2）重点：安全防护用具选择 （3）难点：安全防护用具检查	1
		3-1-5 能根据施工需要准备机具、预制构件、材料、其他配件及辅料	（1）施工机具的准备 （2）预制构件的准备 （3）连接材料的准备 （4）其他配件及辅料的准备	（5）施工机具准备	1）起重机的种类、规格和基本功能 2）吊具的种类、规格和基本功能 3）牵引绳等辅助工具的种类、规格和基本功能 4）灌浆泵、搅拌机等灌浆设备的种类、规格和基本功能 5）其他机具的准备	（1）方法：讲授法、演示法、实训（练习）法、参观法、案例教学法、项目教学法、实物示教法 （2）重点与难点：机具准备	3
				（6）预制构件准备	1）预制构件的分类及特点 2）预制构件的准备	（1）方法：讲授法、演示法、实训（练习）法、参观法、案例教学法、项目教学法、实物示教法 （2）重点与难点：预制构件的准备	2

续表

<table>
<tr><th colspan="4">2.1.2　五级 / 初级职业技能培训要求</th><th colspan="4">2.2.2　五级 / 初级职业技能培训课程规范</th></tr>
<tr><th>职业功能模块（模块）</th><th>工作内容（课程）</th><th>技能目标</th><th>培训细目</th><th>学习单元</th><th>课程内容</th><th>培训建议</th><th>课堂学时</th></tr>
<tr><td rowspan="16">3. 装配式建筑工程施工</td><td rowspan="5">3-1　构件装配前准备</td><td rowspan="5">3-1-5　能根据施工需要准备机具、预制构件、材料、其他配件及辅料</td><td rowspan="5">（1）施工机具的准备
（2）预制构件的准备
（3）连接材料的准备
（4）其他配件及辅料的准备</td><td rowspan="3">（7）构件连接材料准备</td><td>1）钢筋套筒、支撑架、模板等材料的种类、规格、基本功能及适用范围</td><td rowspan="3">（1）方法：讲授法、演示法、实训（练习）法、参观法、案例教学法、项目教学法、实物示教法
（2）重点与难点：构件连接材料的准备</td><td rowspan="3">2</td></tr>
<tr><td>2）灌浆料、钢筋、水泥砂浆、防水材料、密封胶等材料的种类、规格、基本功能及适用范围</td></tr>
<tr><td>3）其他构件连接材料的准备</td></tr>
<tr><td rowspan="2">（8）其他配件及辅料准备</td><td>1）其他配件及辅料的特点</td><td rowspan="2">（1）方法：讲授法、演示法、实训（练习）法、参观法、案例教学法、项目教学法、实物示教法
（2）重点与难点：其他配件的准备</td><td rowspan="2">2</td></tr>
<tr><td>2）其他配件及辅料的准备</td></tr>
<tr><td rowspan="11">3-2　构件的吊装</td><td rowspan="2">3-2-1　能进行吊装前的工作面清理</td><td rowspan="2">（1）清理预制构件
（2）清理搁置构件的底面</td><td rowspan="2">（1）清理吊装前的工作面</td><td>1）预制构件清理</td><td rowspan="2">（1）方法：讲授法、演示法、实训（练习）法、参观法、案例教学法、项目教学法、实物示教法
（2）重点与难点：工作面清理</td><td rowspan="2">1</td></tr>
<tr><td>2）搁置构件的底面清理</td></tr>
<tr><td rowspan="3">3-2-2　能辅助进行构件挂钩及试吊</td><td rowspan="3">（1）挂吊钩
（2）辅助试吊
（3）取吊钩</td><td rowspan="3">（2）辅助构件挂钩及试吊</td><td>1）挂吊钩</td><td rowspan="3">（1）方法：讲授法、演示法、实训（练习）法、参观法、案例教学法、项目教学法、实物示教法
（2）重点与难点：辅助试吊</td><td rowspan="3">2</td></tr>
<tr><td>2）辅助试吊</td></tr>
<tr><td>3）取吊钩</td></tr>
<tr><td rowspan="6">3-2-3　能协助将构件吊落至指定位置</td><td rowspan="6">（1）协助进行预制墙体吊装
（2）协助进行预制柱吊装
（3）协助进行预制梁板吊装
（4）协助进行预制楼梯吊装
（5）协助进行预制阳台、空调板吊装</td><td rowspan="6">（3）协助将构件吊落至指定位置</td><td>1）预制墙体吊装</td><td rowspan="6">（1）方法：讲授法、演示法、实训（练习）法、参观法、案例教学法、项目教学法、实物示教法
（2）重点与难点：协助吊装构件工作流程</td><td rowspan="6">6</td></tr>
<tr><td>2）预制柱吊装</td></tr>
<tr><td>3）预制梁板吊装</td></tr>
<tr><td>4）预制楼梯吊装</td></tr>
<tr><td>5）预制阳台、空调板吊装</td></tr>
<tr><td>6）吊装构件时的协助工作</td></tr>
</table>

续表

2.1.2　五级 / 初级职业技能培训要求				2.2.2　五级 / 初级职业技能培训课程规范			
职业功能模块（模块）	工作内容（课程）	技能目标	培训细目	学习单元	课程内容	培训建议	课堂学时
3. 装配式建筑工程施工	3-2 构件的吊装	3-2-4 能协助拆除临时支撑与限位装置	（1）临时支撑与限位装置的拆除准备 （2）协助拆除临时支撑与限位装置	（4）协助拆除临时支撑与限位装置	1）临时支撑与限位装置的分类及特点	（1）方法：讲授法、演示法、实训（练习）法、参观法、案例教学法、项目教学法、实物示教法 （2）重点与难点：协助拆除限位装置	2
					2）协助拆除临时支撑与限位装置		
		3-2-5 能进行工完料清操作	（1）材料、机具存放前清理 （2）材料、机具归位 （3）材料、机具存放	（5）工完料清操作	1）材料、机具存放前清理	（1）方法：讲授法、演示法、实训（练习）法、参观法、案例教学法、项目教学法、实物示教法 （2）重点与难点：材料、机具存放操作	1
					2）材料、机具归位		
					3）材料、机具存放		
	3-3 灌浆连接	3-3-1 能进行灌浆作业面清理	（1）灌浆前作业面清理 （2）灌浆套筒、预留孔清理	（1）灌浆作业面清理	1）灌浆前作业面清理	（1）方法：讲授法、演示法、实训（练习）法、参观法、案例教学法、项目教学法、实物示教法 （2）重点与难点：灌浆作业面的清理	2
					2）灌浆套筒、预留孔清理		
		3-3-2 能进行灌浆接缝边沿的封堵	（1）灌浆接缝边沿封堵材料制备 （2）灌浆接缝边沿封堵操作	（2）灌浆接缝边沿封堵	1）封堵材料的制备	（1）方法：讲授法、演示法、实训（练习）法、参观法、案例教学法、项目教学法、实物示教法 （2）重点与难点：封堵的操作方法	2
					2）封堵操作的位置		
					3）封堵操作的方法		
		3-3-3 能进行工完料清操作	（1）材料、机具存放前清理 （2）材料、机具归位 （3）材料、机具存放	（3）工完料清操作	1）材料、机具存放前清理	（1）方法：讲授法、演示法、实训（练习）法、参观法、案例教学法、项目教学法、实物示教法 （2）重点与难点：机具清理、存放要求	1
					2）材料、机具归位		
					3）材料、机具存放		

续表

2.1.2　五级 / 初级职业技能培训要求				2.2.2　五级 / 初级职业技能培训课程规范			
职业功能模块（模块）	工作内容（课程）	技能目标	培训细目	学习单元	课程内容	培训建议	课堂学时
3. 装配式建筑工程施工	3-4　后浇连接	3-4-1　能进行结合面清理	（1）后浇结合面清理 （2）模板清理	（1）结合面清理	1）后浇结合面的清理要求和方法	（1）方法：讲授法、演示法、实训（练习）法、参观法、案例教学法、项目教学法、实物示教法 （2）重点与难点：结合面清理	1
					2）模板清理的要求和方法		
		3-4-2　能进行后浇构件的预埋件安装准备	（1）预埋件准备 （2）预埋工具的选用 （3）拆模后预埋件表面清理	（2）后浇构件的预埋件安装准备	1）预埋件的常见类型、规格、材质及安装要求	（1）方法：讲授法、演示法、实训（练习）法、参观法、案例教学法、项目教学法、实物示教法 （2）重点与难点：预埋件、预埋管道、预埋螺栓的安装要求	2
					2）预埋螺栓的常见类型、规格、材质及安装要求		
					3）预埋管道的常见类型、规格、材质及安装要求		
					4）预埋工具的分类及选用		
					5）拆模后预埋件表面的清理要求		
		3-4-3　能进行后浇构件的钢筋连接和绑扎准备	（1）钢筋及连接件准备 （2）钢筋加工机具准备 （3）钢筋绑扎准备	（3）后浇构件的钢筋连接和绑扎准备	1）钢筋连接件的种类、性能及适用范围	（1）方法：讲授法、演示法、实训（练习）法、参观法、案例教学法、项目教学法、实物示教法 （2）重点与难点：钢筋绑扎准备	2
					2）钢筋准备 ①钢筋配置操作规程 ②钢筋分类堆放及标识要求		
					3）钢筋绑扎准备 ①绑扎工具选择 ②绑扎材料准备 ③绑扎操作工艺流程		
		3-4-4　能进行墙板间后浇段模板支设	（1）混凝土支模前工作面清理 （2）混凝土模板选用 （3）模板支设	（4）墙板间后浇段模板支设	1）混凝土支模前工作面清理 ①卫生要求 ②湿度要求 ③平整度要求	（1）方法：讲授法、演示法、实训（练习）法、参观法、案例教学法、项目教学法、实物示教法 （2）重点与难点：模板支设	4
					2）模板分类及选用		
					3）模板支设		

续表

2.1.2 五级 / 初级职业技能培训要求				2.2.2 五级 / 初级职业技能培训课程规范			
职业功能模块（模块）	工作内容（课程）	技能目标	培训细目	学习单元	课程内容	培训建议	课堂学时
3. 装配式建筑工程施工	3-4 后浇连接	3-4-5 能协助进行模板、斜支撑、楼面支撑拆除	（1）拆除准备 （2）协助拆除模板、斜支撑、楼面支撑	（5）协助拆除模板、斜支撑、楼面支撑	1）拆除条件	（1）方法：讲授法、演示法、实训（练习）法、参观法、案例教学法、项目教学法、实物示教法 （2）重点与难点：拆除模板、斜支撑、楼面支撑操作规程	3
					2）拆除工具分类及选择		
					3）拆除顺序		
					4）协助拆除模板、斜支撑、楼面支撑操作规程		
		3-4-6 工完料清操作	（1）材料、机具存放前清理 （2）材料、机具归位 （3）材料、机具存放	（6）工完料清操作	1）材料、机具存放前清理	（1）方法：讲授法、演示法、实训（练习）法、参观法、案例教学法、项目教学法、实物示教法 （2）重点与难点：材料、机具的存放要求	1
					2）材料、机具归位		
					3）材料、机具存放		

附录 3 四级 / 中级职业技能培训要求与课程规范对照表

2.1.3 四级 / 中级职业技能培训要求				2.2.3 四级 / 中级职业技能培训课程规范			
职业功能模块（模块）	工作内容（课程）	技能目标	培训细目	学习单元	课程内容	培训建议	课堂学时
1. 装配式建筑图识读与深化	1-1 装配式建筑图识读	1-1-1 能正确识读装配式建筑图	（1）识读装配式建筑平面图 （2）识读装配式建筑立面图 （3）识读装配式建筑剖面图	（1）装配式建筑平面图识读	1）装配式建筑平面图的内容及作用	（1）方法：讲授法、演示法、讨论法、实训（练习）法、案例教学法、项目教学法 （2）重点与难点：装配式建筑平面图的识读	2
					2）装配式建筑平面图识读方法		
				（2）装配式建筑立面图识读	1）装配式建筑立面图的内容及作用	（1）方法：讲授法、演示法、讨论法、实训（练习）法、案例教学法、项目教学法 （2）重点与难点：装配式建筑立面图的识读	2
					2）装配式建筑立面图识读方法		

续表

<table>
<tr><th colspan="4">2.1.3　四级 / 中级职业技能培训要求</th><th colspan="4">2.2.3　四级 / 中级职业技能培训课程规范</th></tr>
<tr><th>职业功能模块（模块）</th><th>工作内容（课程）</th><th>技能目标</th><th>培训细目</th><th>学习单元</th><th>课程内容</th><th>培训建议</th><th>课堂学时</th></tr>
<tr><td rowspan="9">1. 装配式建筑图识读与深化</td><td rowspan="7">1–1　装配式建筑图识读</td><td rowspan="2">1–1–1　能正确识读装配式建筑图</td><td rowspan="2">（1）识读装配式建筑平面图
（2）识读装配式建筑立面图
（3）识读装配式建筑剖面图</td><td rowspan="2">（3）装配式建筑剖面图识读</td><td>1）装配式建筑剖面图的内容及作用</td><td rowspan="2">（1）方法：讲授法、演示法、讨论法、实训（练习）法、案例教学法、项目教学法
（2）重点与难点：装配式建筑剖面图的识读</td><td rowspan="2">2</td></tr>
<tr><td>2）装配式建筑剖面图识读方法</td></tr>
<tr><td rowspan="5">1–1–2　能正确识读装配式建筑结构形式</td><td rowspan="5">（1）识读装配式钢筋混凝土结构体系
（2）识读装配式钢结构体系
（3）识读装配式木结构体系</td><td rowspan="2">（4）装配式钢筋混凝土结构体系识读</td><td>1）装配式钢筋混凝土结构体系的内容及作用</td><td rowspan="2">（1）方法：讲授法、演示法、讨论法、实训（练习）法、案例教学法、项目教学法
（2）重点与难点：装配式钢筋混凝土结构体系的识读</td><td rowspan="2">2</td></tr>
<tr><td>2）装配式钢筋混凝土结构体系识读方法</td></tr>
<tr><td rowspan="2">（5）装配式钢结构体系识读</td><td>1）装配式钢结构体系的内容及作用</td><td rowspan="2">（1）方法：讲授法、演示法、讨论法、实训（练习）法、案例教学法、项目教学法
（2）重点与难点：装配式钢结构体系的识读</td><td rowspan="2">2</td></tr>
<tr><td>2）装配式钢结构体系识读方法</td></tr>
<tr><td>（6）装配式木结构体系识读</td><td>1）装配式木结构体系的内容及作用
2）装配式木结构体系识读方法</td><td>（1）方法：讲授法、演示法、讨论法、实训（练习）法、案例教学法、项目教学法
（2）重点与难点：装配式木结构体系的识读</td><td>2</td></tr>
<tr><td rowspan="2">1–2　装配式施工图的深化</td><td rowspan="2">1–2–1　能正确设置相关专业的预埋件和预留孔洞等</td><td rowspan="2">（1）设置相关专业的预埋件
（2）设置相关专业的预留孔洞</td><td rowspan="2">（1）相关专业的预埋件设置</td><td>1）相关专业预埋件的内容及作用
①建筑
②结构
③机电</td><td rowspan="2">（1）方法：讲授法、演示法、讨论法、实训（练习）法、案例教学法、项目教学法、实物示教法
（2）重点与难点：预埋件的设置</td><td rowspan="2">1</td></tr>
<tr><td>2）相关专业预埋件的设置方法</td></tr>
</table>

续表

<table>
<tr><th colspan="4">2.1.3　四级 / 中级职业技能培训要求</th><th colspan="4">2.2.3　四级 / 中级职业技能培训课程规范</th></tr>
<tr><th>职业功能模块（模块）</th><th>工作内容（课程）</th><th>技能目标</th><th>培训细目</th><th>学习单元</th><th>课程内容</th><th>培训建议</th><th>课堂学时</th></tr>
<tr><td rowspan="12">1. 装配式建筑图识读与深化</td><td rowspan="4">1-2　装配式施工图的深化</td><td rowspan="2">1-2-1　能正确设置相关专业的预埋件和预留孔洞等</td><td rowspan="2">（1）设置相关专业的预埋件
（2）设置相关专业的预留孔洞</td><td rowspan="2">（2）相关专业的预留孔洞设置</td><td>1）相关专业预留孔洞的内容及作用
①建筑
②结构
③机电</td><td rowspan="2">（1）方法：讲授法、演示法、讨论法、实训（练习）法、案例教学法、项目教学法、实物示教法
（2）重点与难点：预留孔洞的设置</td><td rowspan="2">1</td></tr>
<tr><td>2）相关专业预留孔洞的设置方法</td></tr>
<tr><td rowspan="2">1-2-2　能进行构件的吊装、运输设计</td><td rowspan="2">（1）构件的吊装设计
（2）构件的运输设计</td><td rowspan="2">（3）构件的吊装、运输设计</td><td>1）构件的吊装设计
①构件吊装设计的内容
②构件吊装设计的方法</td><td rowspan="2">（1）方法：讲授法、演示法、讨论法、实训（练习）法、案例教学法、项目教学法、实物示教法
（2）重点与难点：构件的吊装、运输设计</td><td rowspan="2">1</td></tr>
<tr><td>2）构件的运输设计
①构件运输设计的内容
②构件运输设计的方法</td></tr>
<tr><td rowspan="8">1-3　构件拆分与详图设计</td><td rowspan="4">1-3-1　能确定钢筋锚固、搭接长度</td><td rowspan="4">（1）确定钢筋锚固长度
（2）确定钢筋搭接长度</td><td rowspan="4">（1）钢筋锚固、搭接长度确定</td><td>1）钢筋锚固的类型及作用</td><td rowspan="4">（1）方法：讲授法、演示法、讨论法、实训（练习）法、案例教学法、项目教学法、实物示教法
（2）重点与难点：钢筋锚固、搭接长度的确定</td><td rowspan="4">1</td></tr>
<tr><td>2）钢筋锚固长度的确定方法</td></tr>
<tr><td>3）钢筋搭接的形式及作用</td></tr>
<tr><td>4）钢筋搭接长度的确定方法</td></tr>
<tr><td rowspan="4">1-3-2　能处理预制梁、预制柱节点处钢筋的碰撞问题</td><td rowspan="4">（1）处理预制梁节点处钢筋的碰撞问题
（2）处理预制柱节点处钢筋的碰撞问题</td><td rowspan="2">（2）预制梁节点处钢筋的碰撞问题处理</td><td>1）预制梁基本知识
①预制梁的概念
②预制梁的类型及作用</td><td rowspan="2">（1）方法：讲授法、演示法、讨论法、实训（练习）法、案例教学法、项目教学法、实物示教法
（2）重点与难点：预制梁节点处钢筋的碰撞问题处理</td><td rowspan="2">1</td></tr>
<tr><td>2）预制梁节点处钢筋的碰撞问题处理方法</td></tr>
<tr><td rowspan="2">（3）预制柱节点处钢筋的碰撞问题处理</td><td>1）预制柱基本知识
①预制柱的概念
②预制柱的类型及作用</td><td rowspan="2">（1）方法：讲授法、演示法、讨论法、实训（练习）法、案例教学法、项目教学法、实物示教法
（2）重点与难点：预制柱节点处钢筋的碰撞问题处理</td><td rowspan="2">1</td></tr>
<tr><td>2）预制柱节点处钢筋的碰撞问题处理方法</td></tr>
</table>

续表

<table>
<tr><th colspan="4">2.1.3　四级 / 中级职业技能培训要求</th><th colspan="4">2.2.3　四级 / 中级职业技能培训课程规范</th></tr>
<tr><th>职业功能模块（模块）</th><th>工作内容（课程）</th><th>技能目标</th><th>培训细目</th><th>学习单元</th><th>课程内容</th><th>培训建议</th><th>课堂学时</th></tr>
<tr><td rowspan="16">2. 构件生产养护与存放、运输</td><td rowspan="8">2-1　模具组装、校准</td><td rowspan="3">2-1-1　能进行模具组装</td><td rowspan="3">（1）开料
（2）安装零件
（3）安装模具</td><td rowspan="3">（1）模具组装</td><td>1）开料
①模具选择
②模具材料选择</td><td rowspan="3">（1）方法：讲授法、演示法、实训（练习）法、案例教学法、项目教学法、实物示教法
（2）重点与难点：安装模具</td><td rowspan="3">2</td></tr>
<tr><td>2）安装零件</td></tr>
<tr><td>3）安装模具</td></tr>
<tr><td rowspan="5">2-1-2　能进行模具校准</td><td rowspan="5">（1）组装前校准模具
（2）组装后校准模具</td><td rowspan="2">（2）模具组装前校准</td><td>1）接触面平整度、板面弯曲度校准</td><td rowspan="2">（1）方法：讲授法、演示法、实训（练习）法、案例教学法、项目教学法、实物示教法
（2）重点与难点：拼装缝隙形状、尺寸校准</td><td rowspan="2">1</td></tr>
<tr><td>2）拼装缝隙形状、尺寸校准</td></tr>
<tr><td rowspan="3">（3）模具组装后校准</td><td>1）侧模、底模、顶模是否在同一平面检查</td><td rowspan="3">（1）方法：讲授法、演示法、实训（练习）法、案例教学法、项目教学法、实物示教法
（2）重点与难点：定位加固</td><td rowspan="3">1</td></tr>
<tr><td>2）对角尺寸校准</td></tr>
<tr><td>3）使用磁盒定位加固</td></tr>
<tr><td rowspan="8">2-2　钢筋绑扎与预埋件预埋</td><td rowspan="8">2-2-1　能操作钢筋加工设备进行钢筋加工</td><td rowspan="8">（1）钢筋加工
（2）钢筋连接</td><td rowspan="4">（1）钢筋加工</td><td>1）钢筋除锈</td><td rowspan="4">（1）方法：讲授法、演示法、实训（练习）法、案例教学法、项目教学法、实物示教法
（2）重点与难点：钢筋加工</td><td rowspan="4">2</td></tr>
<tr><td>2）钢筋冷拉</td></tr>
<tr><td>3）钢筋调直</td></tr>
<tr><td>4）下料切断</td></tr>
<tr><td rowspan="4">（2）钢筋连接</td><td>1）套筒灌浆连接</td><td rowspan="4">（1）方法：讲授法、演示法、实训（练习）法、案例教学法、项目教学法、实物示教法
（2）重点与难点：套筒灌浆连接</td><td rowspan="4">2</td></tr>
<tr><td>2）约束钢筋浆锚搭接</td></tr>
<tr><td>3）焊接连接</td></tr>
<tr><td>4）机械连接</td></tr>
</table>

续表

2.1.3　四级 / 中级职业技能培训要求				2.2.3　四级 / 中级职业技能培训课程规范			
职业功能模块（模块）	工作内容（课程）	技能目标	培训细目	学习单元	课程内容	培训建议	课堂学时
2. 构件生产养护与存放、运输	2-2　钢筋绑扎与预埋件预埋	2-2-2　能进行预埋件固定，并进行预留孔洞临时封堵	（1）固定预埋件 （2）封堵临时预留孔洞	（3）预埋件固定	1）灌浆套筒安装	（1）方法：讲授法、演示法、实训（练习）法、案例教学法、项目教学法、实物示教法 （2）重点与难点：灌浆套筒安装	1
					2）预埋件、拉结件安装		
				（4）预留孔洞临时封堵	1）预留孔洞的类型、作用	（1）方法：讲授法、演示法、实训（练习）法、案例教学法、项目教学法、实物示教法 （2）重点与难点：临时封堵预留孔洞注意事项	1
					2）临时封堵预留孔洞注意事项		
					3）临时封堵预留孔洞的方法		
	2-3　构件浇筑	2-3-1　能进行上料操作	（1）操作布料机 （2）控制混凝土布料量	（1）上料准备	1）设备检查和试运转	（1）方法：讲授法、演示法、实训（练习）法、案例教学法、项目教学法、实物示教法 （2）重点与难点：原材料检查	2
					2）计量器具检查		
					3）配比校对		
					4）原材料检查		
				（2）物料计量	1）砂石计量	（1）方法：讲授法、演示法、实训（练习）法、案例教学法、项目教学法、实物示教法 （2）重点与难点：外加剂计量	2
					2）水泥计量		
					3）外加剂和混合料计量		
					4）水计量		
				（3）混凝土制备	1）布料机操作	（1）方法：讲授法、演示法、实训（练习）法、案例教学法、项目教学法、实物示教法 （2）重点与难点：混凝土拌制	2
					2）第一盘混凝土拌制		
					3）第二盘混凝土拌制		

续表

2.1.3 四级 / 中级职业技能培训要求				2.2.3 四级 / 中级职业技能培训课程规范			
职业功能模块（模块）	工作内容（课程）	技能目标	培训细目	学习单元	课程内容	培训建议	课堂学时
2. 构件生产养护与存放、运输	2-3 构件浇筑	2-3-2 能进行混凝土浇筑操作	按浇筑规程进行混凝土浇筑操作	（4）混凝土浇筑操作	1）混凝土浇筑设备的类型、作用 2）混凝土浇筑操作规程 3）混凝土浇筑注意事项 4）混凝土浇筑操作	（1）方法：讲授法、演示法、实训（练习）法、案例教学法、项目教学法、实物示教法 （2）重点与难点：混凝土浇筑操作规程	2
		2-3-3 能进行混凝土振捣操作	按振捣规程进行混凝土振捣操作	（5）混凝土振捣操作	1）混凝土振捣操作规程 2）混凝土振捣机操作 3）混凝土振捣注意事项	（1）方法：讲授法、演示法、实训（练习）法、案例教学法、项目教学法、实物示教法 （2）重点与难点：混凝土振捣操作规程	2
	2-4 构件养护	2-4-1 能正确选择各类构件养护方式与养护时间	（1）按构件类型选择养护方式 （2）准确控制构件养护时间	（1）正确选择各类构件养护方式与养护时间	1）构件养护方式 ①自然养护 ②构件蒸养 2）构件养护方式选择 3）构件养护时间控制	（1）方法：讲授法、演示法、实训（练习）法、案例教学法、项目教学法、实物示教法 （2）重点与难点：构件养护时间控制	2
		2-4-2 能控制构件养护条件和监测养护状态	（1）控制构件养护条件 （2）监测构件养护状态	（2）控制构件养护条件和监测养护状态	1）传统蒸养条件控制 2）PC 构件蒸养条件控制 3）监测构件养护状态 ①温度监测 ②湿度监测	（1）方法：讲授法、演示法、实训（练习）法、案例教学法、项目教学法、实物示教法 （2）重点与难点：监测构件养护状态	2
	2-5 成品构件存放与运输	2-5-1 能按照成品构件种类、规格和应用项目不同进行分类标识	（1）填写成品构件分类料牌 （2）悬挂成品构件分类料牌	（1）按照成品构件种类、规格和应用项目不同进行分类标识	1）成品构件分类料牌填写 2）成品构件分类料牌悬挂	（1）方法：讲授法、演示法、实训（练习）法、案例教学法、项目教学法、实物示教法 （2）重点与难点：构件料牌填写	1

续表

<table>
<tr><th colspan="4">2.1.3　四级 / 中级职业技能培训要求</th><th colspan="4">2.2.3　四级 / 中级职业技能培训课程规范</th></tr>
<tr><th>职业功能模块（模块）</th><th>工作内容（课程）</th><th>技能目标</th><th>培训细目</th><th>学习单元</th><th>课程内容</th><th>培训建议</th><th>课堂学时</th></tr>
<tr><td rowspan="3">2. 构件生产养护与存放、运输</td><td rowspan="3">2-5　成品构件存放与运输</td><td rowspan="3">2-5-2　能进行外露金属件的防腐、防锈操作</td><td rowspan="3">（1）对外露金属件进行防腐处理
（2）对外露金属件进行防锈处理</td><td rowspan="3">（2）外露金属件的防腐、防锈</td><td>1）外露金属件的腐蚀类型</td><td rowspan="3">（1）方法：讲授法、演示法、实训（练习）法、案例教学法、项目教学法、实物示教法
（2）重点与难点：构件防腐</td><td rowspan="3">1</td></tr>
<tr><td>2）外露金属件的防腐</td></tr>
<tr><td>3）外露金属件的防锈</td></tr>
<tr><td rowspan="15">3. 装配式建筑工程施工</td><td rowspan="15">3-1　施工准备</td><td rowspan="8">3-1-1　能进行构件进场并堆放</td><td rowspan="8">（1）确定构件进场顺序
（2）构件堆放
（3）记录构件台账</td><td rowspan="8">（1）构件现场堆放</td><td>1）构件的进场顺序</td><td rowspan="8">（1）方法：讲授法、演示法、实训（练习）法、案例教学法、项目教学法、实物示教法
（2）重点与难点：构件堆放的方法与方式</td><td rowspan="8">2</td></tr>
<tr><td>2）构件堆放的场地安排原则</td></tr>
<tr><td>3）预制剪力墙堆放的方法与方式</td></tr>
<tr><td>4）叠合楼板堆放的方法与方式</td></tr>
<tr><td>5）预制梁堆放的方法与方式</td></tr>
<tr><td>6）预制楼梯堆放的方法与方式</td></tr>
<tr><td>7）预制阳台堆放的方法与方式</td></tr>
<tr><td>8）构件台账的记录</td></tr>
<tr><td rowspan="4">3-1-2　能进行施工机具的检查与调试</td><td rowspan="4">（1）施工机具的检查
（2）施工机具的调试</td><td rowspan="4">（2）施工机具检查与调试</td><td>1）起重机械的检查与调试</td><td rowspan="4">（1）方法：讲授法、演示法、实训（练习）法、案例教学法、项目教学法、实物示教法
（2）重点与难点：施工机具的调试</td><td rowspan="4">3</td></tr>
<tr><td>2）吊具的检查与调试</td></tr>
<tr><td>3）牵引绳等辅助工具的检查与调试</td></tr>
<tr><td>4）灌浆泵、搅拌机等灌浆设备的检查与调试</td></tr>
<tr><td rowspan="3">3-1-3　能维护和保养施工机具</td><td rowspan="3">（1）检测器具的维护保养
（2）专业灌浆设备、器具的维护保养
（3）其他施工机具的维护保养</td><td rowspan="3">（3）施工机具维护和保养</td><td>1）检测器具的维护保养</td><td rowspan="3">（1）方法：讲授法、演示法、实训（练习）法、案例教学法、项目教学法、实物示教法
（2）重点与难点：机具和工具的维护保养</td><td rowspan="3">2</td></tr>
<tr><td>2）专业灌浆设备、器具的维护保养</td></tr>
<tr><td>3）其他施工机具的维护保养</td></tr>
</table>

续表

2.1.3　四级 / 中级职业技能培训要求				2.2.3　四级 / 中级职业技能培训课程规范			
职业功能模块（模块）	工作内容（课程）	技能目标	培训细目	学习单元	课程内容	培训建议	课堂学时
3. 装配式建筑工程施工	3-1　施工准备	3-1-4　能对构件装配工程进行质量自检	（1）检验批质量自检 （2）分项工程质量自检	（4）构件装配工程质量自检	1）检验批质量自检	（1）方法：讲授法、演示法、实训（练习）法、案例教学法、项目教学法、实物示教法 （2）重点与难点：构件装配工程质量自检的方法	1
					2）分项工程质量自检		
		3-1-5　能按设计及施工要求进行构件装配的测量、放线与定位	（1）构件装配的测量、放线 （2）构件装配的定位标识	（5）构件装配的测量、放线与定位	1）测量放线基本知识	（1）方法：讲授法、演示法、实训（练习）法、案例教学法、项目教学法、实物示教法 （2）重点与难点：测量放线操作	2
					2）构件装配的测量、放线		
					3）预埋件、限位装置等的定位标识		
					4）钢筋校正		
					5）墙体标高调节垫片设置		
	3-2　构件吊装	3-2-1　能进行预埋件预埋及孔洞预留	（1）预埋件预埋及孔洞预留 （2）预埋件及孔洞复核 （3）受力变形与位移的处理	（1）预埋件、预埋管道、限位装置等的预埋，预留	1）预埋、预留操作规程	（1）方法：讲授法、演示法、实训（练习）法、案例教学法、项目教学法、实物示教法 （2）重点：预埋件预埋 （3）难点：变形与位移处理	2
					2）预埋件与构件预留孔洞的对位要求		
					3）预埋件及孔洞复核 ①结构检查 ②位置检查		
					4）受力变形与位移的处理方法		
		3-2-2　能选择吊点，完成构件与吊具的连接	（1）选择构件吊点 （2）连接构件与吊具	（2）构件与吊具的连接	1）构件吊点选择	（1）方法：讲授法、演示法、实训（练习）法、案例教学法、项目教学法、实物示教法 （2）重点与难点：构件与吊具的连接	1
					2）构件与吊具的连接		
		3-2-3　能安全起吊构件并吊装就位	（1）吊装顺序安排 （2）构件起吊 （3）构件就位	（3）安全起吊构件，吊装就位	1）吊装顺序安排	（1）方法：讲授法、演示法、实训（练习）法、案例教学法、项目教学法、实物示教法 （2）重点：构件起吊 （3）难点：构件就位	6
					2）墙板、柱等竖向构件吊装		
					3）叠合板、预制梁构件吊装		
					4）楼梯、阳台构件吊装		
					5）外围护构件吊装		
					6）构件就位 ①构件就位的程序 ②校核构件的安装偏差		

续表

<table>
<tr><th colspan="4">2.1.3 四级 / 中级职业技能培训要求</th><th colspan="4">2.2.3 四级 / 中级职业技能培训课程规范</th></tr>
<tr><th>职业功能模块（模块）</th><th>工作内容（课程）</th><th>技能目标</th><th>培训细目</th><th>学习单元</th><th>课程内容</th><th>培训建议</th><th>课堂学时</th></tr>
<tr><td rowspan="16">3. 装配式建筑工程施工</td><td rowspan="9">3-2 构件吊装</td><td rowspan="9">3-2-4 能进行构件校核与调整</td><td rowspan="9">（1）竖向构件定位、垂直度、标高校正
（2）水平构件位置、标高校正
（3）外围护构件校正</td><td rowspan="2">（4）竖向构件定位、垂直度、标高校正</td><td>1）墙板校正</td><td rowspan="2">（1）方法：讲授法、演示法、实训（练习）法、案例教学法、项目教学法、实物示教法
（2）重点与难点：竖向构件校正</td><td rowspan="2">1</td></tr>
<tr><td>2）柱校正</td></tr>
<tr><td rowspan="3">（5）水平构件位置、标高校正</td><td>1）梁校正</td><td rowspan="3">（1）方法：讲授法、演示法、实训（练习）法、案例教学法、项目教学法、实物示教法
（2）重点与难点：水平构件校正</td><td rowspan="3">1</td></tr>
<tr><td>2）叠合板校正</td></tr>
<tr><td>3）楼梯、阳台、空调板校正</td></tr>
<tr><td rowspan="4">（6）外围护构件校正</td><td>1）外挂板校正</td><td rowspan="4">（1）方法：讲授法、演示法、实训（练习）法、案例教学法、项目教学法、实物示教法
（2）重点与难点：外围护构件校正</td><td rowspan="4">1</td></tr>
<tr><td>2）建筑幕墙校正</td></tr>
<tr><td>3）外门窗校正</td></tr>
<tr><td>4）金属屋面校正</td></tr>
<tr><td rowspan="7">3-3 临时支撑及限位装置的搭设与拆除</td><td rowspan="7">3-3-1 能搭设斜向、竖向临时支撑与限位装置</td><td rowspan="7">（1）支撑点及限位装置定位
（2）临时支撑与限位装置搭设</td><td rowspan="7">（1）搭设斜向、竖向临时支撑及限位装置</td><td>1）构件标高、垂直度复核</td><td rowspan="7">（1）方法：讲授法、演示法、实训（练习）法、案例教学法、项目教学法、实物示教法
（2）重点与难点：临时支撑及限位装置搭设</td><td rowspan="7">2</td></tr>
<tr><td>2）预制墙体临时支撑与限位装置的搭设</td></tr>
<tr><td>3）预制柱临时支撑与限位装置的搭设</td></tr>
<tr><td>4）预制梁临时支撑与限位装置的搭设</td></tr>
<tr><td>5）预制板临时支撑与限位装置的搭设</td></tr>
<tr><td>6）预制楼梯临时支撑与限位装置的搭设</td></tr>
<tr><td>7）外挂板临时支撑与限位装置的搭设</td></tr>
</table>

续表

<table>
<tr><th colspan="4">2.1.3 四级 / 中级职业技能培训要求</th><th colspan="4">2.2.3 四级 / 中级职业技能培训课程规范</th></tr>
<tr><th>职业功能模块（模块）</th><th>工作内容（课程）</th><th>技能目标</th><th>培训细目</th><th>学习单元</th><th>课程内容</th><th>培训建议</th><th>课堂学时</th></tr>
<tr><td rowspan="17">3. 装配式建筑工程施工</td><td rowspan="14">3-3 临时支撑及限位装置的搭设与拆除</td><td rowspan="7">3-3-2 能校正斜向、竖向临时支撑及限位装置的位置</td><td rowspan="7">（1）构件标高、垂直度复核
（2）临时支撑及限位装置校正</td><td rowspan="7">（2）校正斜向、竖向临时支撑及限位装置的位置</td><td>1）临时支撑及限位装置复核方法</td><td rowspan="7">（1）方法：讲授法、演示法、实训（练习）法、案例教学法、项目教学法、实物示教法
（2）重点与难点：临时支撑及限位装置校正</td><td rowspan="7">2</td></tr>
<tr><td>2）预制墙体临时支撑与限位装置的校正</td></tr>
<tr><td>3）预制柱临时支撑与限位装置的校正</td></tr>
<tr><td>4）预制梁临时支撑与限位装置的校正</td></tr>
<tr><td>5）预制板临时支撑与限位装置的校正</td></tr>
<tr><td>6）预制楼梯临时支撑与限位装置的校正</td></tr>
<tr><td>7）外挂板临时支撑与限位装置的校正</td></tr>
<tr><td rowspan="7">3-3-3 能进行临时支撑与限位装置的拆除</td><td rowspan="7">（1）确定临时支撑与限位装置拆除流程
（2）拆除临时支撑与限位装置</td><td rowspan="7">（3）临时支撑及限位装置拆除</td><td>1）临时支撑与限位装置拆除条件</td><td rowspan="7">（1）方法：讲授法、演示法、实训（练习）法、案例教学法、项目教学法、实物示教法
（2）重点与难点：临时支撑及限位装置拆除</td><td rowspan="7">2</td></tr>
<tr><td>2）预制墙体临时支撑与限位装置的拆除</td></tr>
<tr><td>3）预制柱临时支撑与限位装置的拆除</td></tr>
<tr><td>4）预制梁临时支撑与限位装置的拆除</td></tr>
<tr><td>5）预制板临时支撑与限位装置的拆除</td></tr>
<tr><td>6）预制楼梯临时支撑与限位装置的拆除</td></tr>
<tr><td>7）外挂板临时支撑与限位装置的拆除</td></tr>
<tr><td rowspan="3">3-4 构件灌浆连接</td><td rowspan="3">3-4-1 能进行灌浆前结合面检查</td><td rowspan="3">（1）灌浆前检查
（2）结合面的粗糙面与键槽的处理
（3）异常情况处理</td><td rowspan="3">（1）灌浆前结合面检查</td><td>1）灌浆前检查
①注浆孔、通浆孔检查要求
②套筒、预留孔的规格、位置、数量和深度要求</td><td rowspan="3">（1）方法：讲授法、演示法、实训（练习）法、案例教学法、项目教学法、实物示教法
（2）重点与难点：灌浆前检查</td><td rowspan="3">2</td></tr>
<tr><td>2）结合面的粗糙面与键槽的处理</td></tr>
<tr><td>3）异常情况处理</td></tr>
</table>

续表

2.1.3 四级 / 中级职业技能培训要求				2.2.3 四级 / 中级职业技能培训课程规范			
职业功能模块（模块）	工作内容（课程）	技能目标	培训细目	学习单元	课程内容	培训建议	课堂学时
3. 装配式建筑工程施工	3–4 构件灌浆连接	3–4–2 能进行灌浆料制备与留置	（1）灌浆料制备 （2）灌浆试块留置	（2）灌浆料制备与留置	1）灌浆及灌浆料的作用 2）常用灌浆料 3）灌浆料制备 ①灌浆料配比要求 ②灌浆料搅拌 4）灌浆试块留置 ①灌浆试块制作 ②灌浆试块养护	（1）方法：讲授法、演示法、实训（练习）法、案例教学法、项目教学法、实物示教法 （2）重点与难点：灌浆料的制备	4
		3–4–3 能进行套筒灌浆的坐浆及灌浆操作	（1）连通腔灌浆的分仓 （2）灌浆区内外侧封堵 （3）接缝封堵 （4）套筒灌浆连接 （5）灌浆孔封堵	（3）套筒灌浆的坐浆及灌浆操作	1）连通腔灌浆的分仓 ①坐浆料的制备 ②灌浆区分仓操作 2）灌浆区内外侧封堵 3）接缝封堵 4）套筒灌浆连接 ①灌浆管道铺设 ②灌浆及二次灌浆 5）灌浆孔封堵 ①灌浆接头外观检查 ②灌浆停止的特点 ③灌浆孔封堵操作规程 ④构件接缝处渗漏等异常情况的处理措施 6）灌浆作业记录	（1）方法：讲授法、演示法、实训（练习）法、案例教学法、项目教学法、实物示教法 （2）重点与难点：灌浆操作	4
		3–4–4 能进行灌浆后的保护工作	（1）灌浆后检查 （2）灌浆后保护	（4）灌浆后保护	1）灌浆后的保护内容 2）灌浆后的保护措施	（1）方法：讲授法、演示法、实训（练习）法、案例教学法、项目教学法、实物示教法 （2）重点与难点：灌浆后的保护	1
	3–5 后浇混凝土连接	3–5–1 能进行构件连接前的结合面检查	（1）灌浆前检查 （2）结合面的粗糙面与键槽的处理 （3）异常情况处理	（1）构件连接前的结合面检查	1）灌浆前检查 ①注浆孔、通浆孔检查要求 ②套筒、预留孔的规格、位置、数量和深度要求 2）结合面的粗糙面与键槽的处理 3）异常情况处理	（1）方法：讲授法、演示法、实训（练习）法、案例教学法、项目教学法、实物示教法 （2）重点与难点：灌浆前检查	1

续表

<table>
<tr><th colspan="4">2.1.3 四级 / 中级职业技能培训要求</th><th colspan="4">2.2.3 四级 / 中级职业技能培训课程规范</th></tr>
<tr><th>职业功能模块（模块）</th><th>工作内容（课程）</th><th>技能目标</th><th>培训细目</th><th>学习单元</th><th>课程内容</th><th>培训建议</th><th>课堂学时</th></tr>
<tr><td rowspan="13">3. 装配式建筑工程施工</td><td rowspan="13">3-5 后浇混凝土连接</td><td rowspan="9">3-5-2 能进行连接钢筋的固定、安装</td><td rowspan="9">（1）竖向构件间节点钢筋连接施工
（2）竖向构件与水平构件间节点钢筋连接施工
（3）水平构件间节点钢筋连接施工</td><td rowspan="3">（2）竖向构件间节点钢筋连接施工</td><td>1）钢筋连接施工工艺</td><td rowspan="3">（1）方法：讲授法、演示法、实训（练习）法、案例教学法、项目教学法、实物示教法
（2）重点与难点：钢筋连接</td><td rowspan="3">1</td></tr>
<tr><td>2）连接钢筋的定位及固定</td></tr>
<tr><td>3）连接钢筋倾斜的校正</td></tr>
<tr><td rowspan="3">（3）竖向构件与水平构件间节点钢筋连接施工</td><td>1）钢筋连接施工工艺</td><td rowspan="3">（1）方法：讲授法、演示法、实训（练习）法、案例教学法、项目教学法、实物示教法
（2）重点与难点：钢筋连接</td><td rowspan="3">1</td></tr>
<tr><td>2）连接钢筋的定位及固定</td></tr>
<tr><td>3）连接钢筋倾斜的校正</td></tr>
<tr><td rowspan="3">（4）水平构件间节点钢筋连接施工</td><td>1）钢筋连接施工工艺</td><td rowspan="3">（1）方法：讲授法、演示法、实训（练习）法、案例教学法、项目教学法、实物示教法
（2）重点与难点：钢筋连接</td><td rowspan="3">1</td></tr>
<tr><td>2）连接钢筋的定位及固定</td></tr>
<tr><td>3）连接钢筋倾斜的校正</td></tr>
<tr><td rowspan="4">3-5-3 能进行预埋件、预埋管道、预埋螺栓的安装</td><td rowspan="4">（1）预埋件、预埋管道及预埋螺栓施工
（2）位置偏移、外观损坏的预埋件、预埋管道、预埋螺栓的修补及更换</td><td rowspan="4">（5）预埋件、预埋管道、预埋螺栓的安装</td><td>1）预埋件施工</td><td rowspan="4">（1）方法：讲授法、演示法、实训（练习）法、案例教学法、项目教学法、实物示教法
（2）重点与难点：预埋施工</td><td rowspan="4">3</td></tr>
<tr><td>2）预埋管道施工</td></tr>
<tr><td>3）预埋螺栓施工</td></tr>
<tr><td>4）位置偏移、外观损坏的预埋件、预埋管道、预埋螺栓的修补及更换</td></tr>
</table>

续表

2.1.3 四级 / 中级职业技能培训要求				2.2.3 四级 / 中级职业技能培训课程规范			
职业功能模块（模块）	工作内容（课程）	技能目标	培训细目	学习单元	课程内容	培训建议	课堂学时
3. 装配式建筑工程施工	3-5 后浇混凝土连接	3-5-4 能进行模板和支架的搭设与拆除	（1）竖向构件间节点模板与支架施工 （2）竖向构件与水平构件间节点模板与支架施工 （3）水平构件间节点模板与支架施工 （4）预制PCF板节点模板与支架施工	（6）竖向构件间节点模板与支架的搭设与拆除	1）模板与支架设计 2）模板与支架安装 3）模板与支架加固 4）模板与支架拆除	（1）方法：讲授法、演示法、实训（练习）法、案例教学法、项目教学法、实物示教法 （2）重点与难点：模板与支架施工	2
				（7）竖向构件与水平构件间节点模板与支架的搭设与拆除	1）模板与支架设计 2）模板与支架安装 3）模板与支架拆除	（1）方法：讲授法、演示法、实训（练习）法、案例教学法、项目教学法、实物示教法 （2）重点与难点：模板与支架施工	1
				（8）水平构件间节点模板与支架的搭设与拆除	1）模板与支架设计 2）模板与支架安装 3）模板与支架拆除	（1）方法：讲授法、演示法、实训（练习）法、案例教学法、项目教学法、实物示教法 （2）重点与难点：模板与支架施工	1
				（9）预制PCF板节点模板与支架的搭设与拆除	1）模板与支架设计 2）模板与支架安装 3）模板与支架固定 4）模板与支架拆除	（1）方法：讲授法、演示法、实训（练习）法、案例教学法、项目教学法、实物示教法 （2）重点与难点：模板与支架施工	1
		3-5-5 能进行混凝土浇筑振捣	（1）墙板间浇筑振捣 （2）梁顶和楼地面混凝土浇筑振捣	（10）混凝土浇筑振捣	1）墙板间混凝土浇筑振捣 2）梁顶和楼地面混凝土浇筑振捣	（1）方法：讲授法、演示法、实训（练习）法、案例教学法、项目教学法、实物示教法 （2）重点与难点：混凝土浇筑、振捣	1
		3-5-6 能进行构件浆锚连接、螺栓连接、焊接连接	（1）浆锚连接操作 （2）螺栓连接操作 （3）焊接连接操作	（11）构件浆锚连接、螺栓连接、焊接连接	1）构件浆锚连接 2）构件螺栓连接 3）构件焊接连接	（1）方法：讲授法、演示法、实训（练习）法、案例教学法、项目教学法、实物示教法 （2）重点与难点：浆锚连接操作	1

续表

2.1.3　四级 / 中级职业技能培训要求				2.2.3　四级 / 中级职业技能培训课程规范			
职业功能模块（模块）	工作内容（课程）	技能目标	培训细目	学习单元	课程内容	培训建议	课堂学时
3. 装配式建筑工程施工	3-5　后浇混凝土连接	3-5-7　能进行构件安装缝的防水施工	（1）外墙水平缝防水施工 （2）外墙竖向拼缝导水施工 （3）渗漏等异常情况处理	(12) 构件安装缝的防水施工	1）外墙水平缝防水施工 ①底涂施工 ②结构胶施工	（1）方法：讲授法、演示法、实训（练习）法、案例教学法、项目教学法、实物示教法 （2）重点与难点：防水施工	1
					2）外墙竖向拼缝导水施工 ①排水管安装 ②结构胶施工		
					3）渗漏等异常情况处理		
	3-6　部品及细部工程施工	3-6-1　能进行内装部品施工	（1）装配式内隔墙的施工 （2）装配式内墙面的施工 （3）装配式吊顶的施工 （4）装配式楼地面的施工 （5）装配式内门窗的施工	（1）装配式内隔墙施工	1）装配式内隔墙类型	（1）方法：讲授法、演示法、实训（练习）法、案例教学法、项目教学法、实物示教法 （2）重点与难点：装配式内隔墙安装	1
					2）装配式内隔墙施工流程		
					3）装配式内隔墙施工工艺		
				（2）装配式内墙面施工	1）装配式内墙面类型	（1）方法：讲授法、演示法、实训（练习）法、案例教学法、项目教学法、实物示教法 （2）重点与难点：装配式内墙面安装	1
					2）装配式内墙面施工流程		
					3）装配式内墙面施工工艺		
				（3）装配式吊顶施工	1）装配式吊顶类型	（1）方法：讲授法、演示法、实训（练习）法、案例教学法、项目教学法、实物示教法 （2）重点与难点：装配式吊顶安装	1
					2）装配式吊顶施工流程		
					3）装配式吊顶施工工艺		
				（4）装配式楼地面施工	1）装配式楼地面类型	（1）方法：讲授法、演示法、实训（练习）法、案例教学法、项目教学法、实物示教法 （2）重点与难点：装配式楼地面安装	1
					2）装配式楼地面施工流程		
					3）装配式楼地面施工工艺		
				（5）装配式内门窗施工	1）装配式内门窗类型	（1）方法：讲授法、演示法、实训（练习）法、案例教学法、项目教学法、实物示教法 （2）重点与难点：装配式内门窗安装	1
					2）装配式内门窗施工流程		
					3）装配式内门窗施工工艺		

续表

2.1.3　四级 / 中级职业技能培训要求				2.2.3　四级 / 中级职业技能培训课程规范			
职业功能模块（模块）	工作内容（课程）	技能目标	培训细目	学习单元	课程内容	培训建议	课堂学时
3. 装配式建筑工程施工	3-6　部品及细部工程施工	3-6-2　能进行厨卫部品施工	（1）厨房部品施工 （2）卫生间部品施工	（6）厨卫部品施工	1）厨卫部品的选用 2）地面施工 3）墙面施工 4）顶盖施工 5）门窗施工 6）洁具施工 7）收纳及配件施工 8）施工质量控制要点	（1）方法：讲授法、演示法、实训（练习）法、案例教学法、项目教学法、实物示教法 （2）重点与难点：厨卫部品施工	3
		3-6-3　能进行细部工程施工	细部工程施工	（7）细部工程施工	1）细部工程安装规程 ①橱柜 ②窗帘盒 ③门窗套 ④护栏和扶手 ⑤花饰 2）细部工程施工质量控制要点	（1）方法：讲授法、演示法、实训（练习）法、案例教学法、项目教学法、实物示教法 （2）重点与难点：细部工程施工质量控制	1
	3-7　装配率计算与装配式建筑评价	3-7-1　能进行预制部品、部件的装配率计算	（1）主体结构装配率计算 （2）围护墙、内隔墙装配率计算 （3）装修的装配率计算	（1）预制部品、部件的装配率计算	1）主体结构装配率的概念及计算 2）围护墙、内隔墙装配率的概念及计算 3）装修和设备管线的装配率计算	（1）方法：讲授法、演示法、实训（练习）法、案例教学法、项目教学法、实物示教法 （2）重点与难点：装配率计算	1
		3-7-2　能进行装配式建筑评价并优化配置	（1）装配式建筑评价 （2）优化装配式建筑部品、部件配置	（2）装配式建筑评价及优化配置	1）装配式建筑评价 2）装配式建筑部品、部件优化配置	（1）方法：讲授法、演示法、实训（练习）法、案例教学法、项目教学法、实物示教法 （2）重点与难点：装配式建筑部品、部件优化配置	2

附录 4　三级 / 高级职业技能培训要求与课程规范对照表

2.1.4　三级 / 高级职业技能培训要求				2.2.4　三级 / 高级职业技能培训课程规范			
职业功能模块（模块）	工作内容（课程）	技能目标	培训细目	学习单元	课程内容	培训建议	课堂学时
1. 装配式建筑图识读与深化	1–1 装配式建筑图识读	1–1–1 能正确识读钢筋放样图和模具总装图	（1）钢筋放样图识读 （2）模具总装图识读	（1）钢筋放样图识读	1）钢筋放样图的内容及作用 2）钢筋放样图的识读方法	（1）方法：讲授法、演示法、实训（练习）法 （2）重点与难点：钢筋放样图的识读	2
				（2）模具总装图识读	1）模具总装图的内容及作用 2）模具总装图的识读方法	（1）方法：讲授法、演示法、实训（练习）法 （2）重点与难点：模具总装图的识读	2
		1–1–2 能按照装配式建筑施工图进行现场布置图优化	（1）按照装配式建筑施工图进行现场建筑布置图优化 （2）按照装配式建筑施工图进行现场结构布置图优化	（3）按照装配式建筑施工图进行现场建筑布置图优化	1）现场建筑布置图的作用 2）按照装配式建筑施工图进行现场建筑布置图优化的内容及作用 3）按照装配式建筑施工图进行现场建筑布置图优化的方法	（1）方法：讲授法、演示法、实训（练习）法 （2）重点与难点：现场建筑布置图优化	2
				（4）按照装配式建筑施工图进行现场结构布置图优化	1）现场结构布置图的作用 2）按照装配式建筑施工图进行现场结构布置图优化的内容及作用 3）按照装配式建筑施工图进行现场结构布置图优化的方法	（1）方法：讲授法、演示法、实训（练习）法 （2）重点与难点：现场结构布置图优化	2
	1–2 预制构件连接节点的深化	1–2–1 能确定结合面的粗糙面、键槽设定数量及位置	（1）确定结合面的粗糙面设定数量及位置 （2）确定结合面的键槽设定数量及位置	（1）粗糙面、键槽的设定数量及位置	1）粗糙面的设定数量及位置 2）键槽的设定数量及位置	（1）方法：讲授法、演示法、实训（练习）法、案例教学法、项目教学法 （2）重点与难点：粗糙面、键槽的设定数量及位置	2

续表

2.1.4　三级 / 高级职业技能培训要求				2.2.4　三级 / 高级职业技能培训课程规范			
职业功能模块（模块）	工作内容（课程）	技能目标	培训细目	学习单元	课程内容	培训建议	课堂学时
1. 装配式建筑图识读与深化	1–2　预制构件连接节点的深化	1–2–2　能进行关键节点的深化	（1）选择相关连接构件的类型 （2）选择相关连接构件的型号	（2）灌浆套筒、螺栓等相关连接构件的类型及型号选择	1）灌浆套筒的类型及型号 ①全灌浆套筒 ②半灌浆套筒 2）螺栓的类型及型号 ①单排螺栓连接 ②双排螺栓连接	（1）方法：讲授法、演示法、实训（练习）法、案例教学法、项目教学法 （2）重点与难点：灌浆套筒、螺栓等相关连接构件的类型及型号的选择	2
2. 构件生产	2–1　生产工艺设计	2–1–1　能编制预制构件物料清单	（1）构件物料清单编制 （2）物料计算	（1）预制构件物料清单编制	1）物料清单组成 2）物料清单编制要求 3）物料计算 4）物料清单编制	（1）方法：讲授法、演示法、实训（练习）法、案例教学法、项目教学法 （2）重点与难点：物料计算	2
		2–1–2　能进行构件制作工艺方案的设计与选择	（1）构件制作工艺方案设计 （2）构件制作工艺方案的选择与优化	（2）构件制作工艺方案设计	1）构件制作工艺知识 2）按构件类型确定制作工艺 3）按构件类型设计制作方案	（1）方法：讲授法、演示法、实训（练习）法、案例教学法、项目教学法 （2）重点与难点：构件制作工艺方案设计	2
				（3）构件制作工艺方案的选择与优化	1）多方案对比 2）构件制作工艺方案优化	（1）方法：讲授法、演示法、实训（练习）法、案例教学法、项目教学法 （2）重点与难点：构件制作工艺方案优化	2
		2–1–3　能进行钢筋配料与代换	（1）钢筋配料 （2）钢筋代换	（4）钢筋配料与代换	1）钢筋配料 ①根据配筋图绘出单根钢筋简图并编号 ②根据钢筋长度和根数填写配料单并申请加工 2）钢筋代换	（1）方法：讲授法、演示法、实训（练习）法、案例教学法、项目教学法 （2）重点与难点：钢筋代换	2

续表

2.1.4　三级 / 高级职业技能培训要求				2.2.4　三级 / 高级职业技能培训课程规范			
职业功能模块（模块）	工作内容（课程）	技能目标	培训细目	学习单元	课程内容	培训建议	课堂学时
2．构件生产	2-1　生产工艺设计	2-1-4　能对成品构件出厂进行相关资料检查	（1）检查产品标识 （2）检查二维码 （3）检查合格证	（5）成品构件出厂相关资料检查	1）检查产品标识 2）检查二维码 3）检查合格证	（1）方法：讲授法、演示法、实训（练习）法、案例教学法、项目教学法 （2）重点与难点：成品构件出厂相关资料检查	1
	2-2　构件浇筑	2-2-1　能进行构件原材料用量计算和配置	（1）计算钢筋用量 （2）计算混凝土各组成材料用量 （3）计算预埋件用量 （4）完成原材料配置表	（1）构件原材料用量计算和配置	1）钢筋用量计算 ①预制混凝土墙钢筋用量计算 ②预制混凝土板钢筋用量计算 ③预制混凝土楼梯钢筋用量计算 2）混凝土各组成材料用量计算 3）预埋件用量计算 4）完成原材料配置表 ①原材料配置表组成 ②相关数据填写	（1）方法：讲授法、演示法、实训（练习）法、案例教学法、项目教学法 （2）重点与难点：钢筋用量计算	3
		2-2-2　能主持较复杂构件的浇筑生产，进行工艺运行与调整	（1）按构件类型、生产工艺确定和调整操作流程 （2）按构件类型和生产工艺确定混凝土配比	（2）主持较复杂构件的浇筑生产，进行工艺运行调整	1）按构件类型确定和调整操作流程 2）按生产工艺确定和调整操作流程 3）按构件类型确定混凝土配比 4）按生产工艺确定混凝土配比	（1）方法：讲授法、演示法、实训（练习）法、案例教学法、项目教学法 （2）重点与难点：确定混凝土配比	4
		2-2-3　能进行混凝土浇筑质量控制与验收	（1）修复构件表面的麻面、蜂窝、尺寸超差等缺陷 （2）混凝土浇筑质量验收	（3）混凝土浇筑质量控制与验收	1）检查混凝土浇筑前准备 ①混凝土配比试配 ②确定最终混凝土配比 2）混凝土浇筑质量验收 3）修复构件表面的麻面、蜂窝、尺寸超差等缺陷	（1）方法：讲授法、演示法、实训（练习）法、案例教学法、项目教学法 （2）重点与难点：混凝土浇筑质量验收	2

续表

<table>
<tr><th colspan="4">2.1.4 三级/高级职业技能培训要求</th><th colspan="4">2.2.4 三级/高级职业技能培训课程规范</th></tr>
<tr><th>职业功能模块（模块）</th><th>工作内容（课程）</th><th>技能目标</th><th>培训细目</th><th>学习单元</th><th>课程内容</th><th>培训建议</th><th>课堂学时</th></tr>
<tr><td rowspan="8">2. 构件生产</td><td rowspan="8">2-3 构件养护与脱模</td><td rowspan="5">2-3-1 能进行钢筋笼入模、钢筋保护层、预留孔洞等隐蔽工程验收</td><td rowspan="5">（1）检查钢筋笼入模、钢筋保护层、预留孔洞等隐蔽工程质量
（2）处理隐蔽工程质量缺陷</td><td rowspan="3">（1）隐蔽工程的质量检查</td><td>1）钢筋笼入模质量检查</td><td rowspan="3">（1）方法：讲授法、演示法、实训（练习）法、案例教学法、项目教学法
（2）重点与难点：钢筋笼入模质量标准</td><td rowspan="3">1</td></tr>
<tr><td>2）钢筋保护层质量检查</td></tr>
<tr><td>3）预留孔洞质量检查</td></tr>
<tr><td rowspan="2">（2）隐蔽工程质量缺陷修复</td><td>1）不影响结构性能的局部破损和构件表面非受力裂缝处理</td><td rowspan="2">（1）方法：讲授法、演示法、实训（练习）法、案例教学法、项目教学法
（2）重点与难点：表面非受力裂缝处理</td><td rowspan="2">1</td></tr>
<tr><td>2）外装饰材料破损修复</td></tr>
<tr><td rowspan="3">2-3-2 能进行构件质量检测和验收</td><td rowspan="3">（1）检测构件质量
（2）完成预制构件质量验收表</td><td rowspan="3">（3）构件质量验收</td><td>1）脱模构件质量检查</td><td rowspan="3">（1）方法：讲授法、演示法、实训（练习）法、案例教学法、项目教学法
（2）重点与难点：表面瑕疵现场处理</td><td rowspan="3">2</td></tr>
<tr><td>2）表面瑕疵现场处理</td></tr>
<tr><td>3）填写预制构件质量验收表</td></tr>
<tr><td rowspan="8">3. 装配式建筑工程施工</td><td rowspan="8">3-1 施工准备</td><td rowspan="8">3-1-1 能对生产和施工所需各类原材料、半成品、成品进行进场验收</td><td rowspan="8">（1）原材料进场验收
（2）配件进场验收</td><td rowspan="5">（1）生产和施工所需各类原材料进场验收</td><td>1）常用施工材料的规格、品种、型号、质量的相关规范、标准</td><td rowspan="5">（1）方法：讲授法、演示法、实训（练习）法、案例教学法、项目教学法
（2）重点与难点：原材料质量验收</td><td rowspan="5">2</td></tr>
<tr><td>2）钢筋外观质量验收</td></tr>
<tr><td>3）混凝土强度验收</td></tr>
<tr><td>4）灌浆料验收</td></tr>
<tr><td>5）密封材料、防水材料验收</td></tr>
<tr><td rowspan="3">（2）生产和施工所需配件进场验收</td><td>1）预应力筋锚具、夹具和连接器等配件验收</td><td rowspan="3">（1）方法：讲授法、演示法、实训（练习）法、案例教学法、项目教学法
（2）重点与难点：配件质量验收</td><td rowspan="3">2</td></tr>
<tr><td>2）预埋吊件、墙体拉结件等配件验收</td></tr>
<tr><td>3）灌浆套筒、钢筋浆锚波纹管等配件验收</td></tr>
</table>

续表

2.1.4 三级 / 高级职业技能培训要求				2.2.4 三级 / 高级职业技能培训课程规范			
职业功能模块（模块）	工作内容（课程）	技能目标	培训细目	学习单元	课程内容	培训建议	课堂学时
3. 装配式建筑工程施工	3-1 施工准备	3-1-2 能对构件进场进行协调并优化物流运输方案	（1）构件进场协调 （2）优化构件物流运输方案	（3）构件进场协调并优化物流运输方案	1）构件进场协调 ①进场计划 ②场内运输与存放方案	（1）方法：讲授法、演示法、实训（练习）法、案例教学法、项目教学法 （2）重点：制定构件存放方案 （3）难点：优化物流运输方案	1
					2）构件物流运输方案制定与优化		
		3-1-3 能选用、核对施工机具	（1）机具选用 （2）机具型号核对	（4）施工机具选用与核对	1）机具的选用	（1）方法：讲授法、演示法、实训（练习）法、案例教学法、项目教学法 （2）重点与难点：机具的选用	1
					2）机具型号的核对		
	3-2 现场施工与管理	3-2-1 能主持室内部品安装	（1）装配式室内部品组装施工方案制定 （2）装配式室内部品施工进度管理 （3）装配式室内部品施工质量与安全管理	（1）组织室内部品施工	1）装配式室内部品安装资源配置	（1）方法：讲授法、演示法、实训（练习）法、案例教学法、项目教学法 （2）重点与难点：部品施工工艺流程的制定	2
					2）装配式室内部品施工工艺流程的制定		
					3）装配式室内部品施工技术方案的编制		
				（2）装配式室内部品施工管理	1）装配式室内部品施工进度计划编制	（1）方法：讲授法、演示法、实训（练习）法、案例教学法、项目教学法 （2）重点：部品施工进度控制 （3）难点：部品施工质量管理	2
					2）装配式室内部品施工进度控制		
					3）装配式室内部品施工质量管理		

续表

2.1.4 三级/高级职业技能培训要求				2.2.4 三级/高级职业技能培训课程规范			
职业功能模块（模块）	工作内容（课程）	技能目标	培训细目	学习单元	课程内容	培训建议	课堂学时
3. 装配式建筑工程施工	3-2 现场施工与管理	3-2-2 能从装配施工的角度出发介入并优化前期方案	（1）优化建筑部品、部件配置 （2）优化预制构件的规格及其连接节点 （3）提出装配方案的合理化建议	（3）优化前期方案	1) 建筑部品、部件配置优化 2) 预制构件的规格及其连接节点的选择优化 3) 装配方案的合理化建议	（1）方法：讲授法、演示法、实训（练习）法、案例教学法、项目教学法 （2）重点与难点：前期方案的优化	3
		3-2-3 能进行工序交接技术交底	（1）技术交底组织 （2）技术交底记录	（4）工序交接技术交底	1）技术交底组织 ①人员要求 ②交底内容 2）技术交底记录	（1）方法：讲授法、演示法、实训（练习）法、案例教学法、项目教学法 （2）重点与难点：技术交底组织	2
		3-2-4 能进行机电管线一体化施工协调	（1）机电管线一体化设计、施工协调 （2）机电管线预留预埋现场施工协调	（5）机电管线一体化设计施工协调	1）机电管线一体化设计、施工协调 2）机电管线预留、预埋现场施工协调	（1）方法：讲授法、演示法、实训（练习）法、案例教学法、项目教学法 （2）重点与难点：部品、管线优化配置	2
	3-3 质量检查与其他措施的应用	3-3-1 能进行构件装配质量检查，发现并解决问题	（1）构件装配工程的质量自检 （2）构件装配工程的质量交接检 （3）异常情况处理	（1）构件装配质量检查	1）构件装配工程的质量自检 ①分部工程质量自检 ②单位工程质量自检 2）构件装配工程的质量交接检 3）异常情况处理	（1）方法：讲授法、演示法、讨论法、案例教学法、项目教学法 （2）重点与难点：异常情况处理	2
		3-3-2 能采取有效的处理措施进行构件修复	（1）构件质量缺陷的防止 （2）构件质量缺陷的处理	（2）构件修复	1）构件质量缺陷的防止 ①裂缝的防止方法 ②气泡的防止方法 2）构件质量缺陷的修复	（1）方法：讲授法、演示法、实训（练习）法、案例教学法、项目教学法 （2）重点与难点：构件质量缺陷的修复	2

续表

2.1.4 三级/高级职业技能培训要求				2.2.4 三级/高级职业技能培训课程规范			
职业功能模块（模块）	工作内容（课程）	技能目标	培训细目	学习单元	课程内容	培训建议	课堂学时
3. 装配式建筑工程施工	3-3 质量检查与其他措施的应用	3-3-3 能制定冬季施工方案	(1) 冬季施工技术准备 (2) 冬季施工生产准备 (3) 冬季施工方案制定	(3) 制定冬季施工方案	1) 冬季施工技术准备	(1) 方法：讲授法、演示法、实训（练习）法、案例教学法、项目教学法 (2) 重点与难点：冬季施工方案制定	2
					2) 冬季施工生产准备		
					3) 冬季施工方案制定 ①工艺规程 ②技术方案		
		3-3-4 能进行施工现场安全环保管理	(1) 制定安全文明施工方案 (2) 施工现场安全事故处理 (3) 制定施工现场环境保护措施	(4) 施工现场安全环保管理	1) 构件装配工程安全文明施工措施 ①预制构件的运输安全措施 ②预制构件的存放安全措施 ③预制构件的安装安全措施	(1) 方法：讲授法、演示法、实训（练习）法、案例教学法、项目教学法 (2) 重点与难点：施工现场安全环保管理	1
					2) 施工现场安全事故处理		
					3) 施工现场环境保护措施		
4. 装配式建筑工程质量验收	4-1 预制构件的质量验收	4-1-1 能对预制构件进行数量及外观质量验收	(1) 预制构件的数量及型号验收 (2) 预制构件外观质量验收 (3) 预制构件外形、尺寸精度检验	(1) 预制构件的数量及型号验收	1) 预制构件表面标识检验	(1) 方法：讲授法、演示法、实训（练习）法、案例教学法、项目教学法 (2) 重点与难点：表面标识检验	1
					2) 预制构件数量检验		
				(2) 预制构件的外观质量验收	1) 构件外观质量缺陷检验 ①外观质量缺陷分类 ②检验数量要求 ③外观质量缺陷处理方法	(1) 方法：讲授法、演示法、实训（练习）法、案例教学法、项目教学法 (2) 重点与难点：预制构件外观质量缺陷检验	2
					2) 预制构件粗糙面的检验		
					3) 预制构件键槽的检验		
					4) 预制构件表面贴面砖、石材等饰面的检验		

续表

<table>
<tr><th colspan="4">2.1.4　三级 / 高级职业技能培训要求</th><th colspan="4">2.2.4　三级 / 高级职业技能培训课程规范</th></tr>
<tr><th>职业功能模块（模块）</th><th>工作内容（课程）</th><th>技能目标</th><th>培训细目</th><th>学习单元</th><th>课程内容</th><th>培训建议</th><th>课堂学时</th></tr>
<tr><td rowspan="10">4. 装配式建筑工程质量验收</td><td rowspan="5">4-1　预制构件的质量验收</td><td rowspan="3">4-1-1　能对预制构件进行数量及外观质量验收</td><td rowspan="3">（1）预制构件的数量及型号验收
（2）预制构件外观质量验收
（3）预制构件外形、尺寸精度检验</td><td rowspan="3">（3）预制构件的外形、尺寸精度检验</td><td>1）预制构件外形、尺寸精度检验
①检查项目及允许偏差要求
②检验方法</td><td rowspan="3">（1）方法：讲授法、演示法、实训（练习）法、案例教学法、项目教学法
（2）重点与难点：预制构件外形允许偏差及检验方法</td><td rowspan="3">3</td></tr>
<tr><td>2）构件上的预埋件和预留孔洞等规格型号、数量、位置验收
①设计要求
②检查数量要求
③检验方法</td></tr>
<tr><td>3）预制墙板梁柱类构件、装饰构件外形、尺寸精度检验
①检查项目及允许偏差要求
②检验方法
③偏差处理方法</td></tr>
<tr><td rowspan="2">4-1-2　能对预制构件进行结构性能验收</td><td rowspan="2">预制构件的结构性能验收</td><td rowspan="2">（4）预制构件的结构性能检验</td><td>1）预制墙板类受弯构件的结构性能检验</td><td rowspan="2">（1）方法：讲授法、演示法、实训（练习）法、案例教学法、项目教学法
（2）重点与难点：预制构件的结构性能检验</td><td rowspan="2">3</td></tr>
<tr><td>2）预制梁、板、柱类受弯构件的结构性能检验</td></tr>
<tr><td rowspan="5">4-2　节点连接质量验收</td><td rowspan="2">4-2-1　能进行构件的临时固定措施验收</td><td rowspan="2">（1）支撑验收
（2）模板验收</td><td rowspan="2">（1）构件的临时固定措施验收</td><td>1）支撑技术标准及验收
①支撑技术标准
②支撑搭设验收
③支撑拆除验收</td><td rowspan="2">（1）方法：讲授法、演示法、实训（练习）法、案例教学法、项目教学法
（2）重点与难点：临时固定措施的质量标准</td><td rowspan="2">2</td></tr>
<tr><td>2）模板技术标准及验收
①模板技术标准
②模板搭设验收
③模板拆除验收</td></tr>
<tr><td rowspan="3">4-2-2　能进行节点连接质量验收</td><td rowspan="3">（1）预制构件外墙板与构件、配件的连接质量验收
（2）连接节点的防腐、防锈、防火、防水、保温构造质量验收
（3）接头及拼缝节点质量验收</td><td rowspan="3">（2）装配节点连接质量验收</td><td>1）预制构件外墙板与构件、配件的连接质量验收</td><td rowspan="3">（1）方法：讲授法、演示法、实训（练习）法、案例教学法、项目教学法
（2）重点与难点：关键节点质量验收标准</td><td rowspan="3">2</td></tr>
<tr><td>2）连接节点的防腐、防锈、防火、防水、保温构造质量验收</td></tr>
<tr><td>3）接头及拼缝节点质量验收</td></tr>
</table>

续表

2.1.4 三级/高级职业技能培训要求				2.2.4 三级/高级职业技能培训课程规范			
职业功能模块（模块）	工作内容（课程）	技能目标	培训细目	学习单元	课程内容	培训建议	课堂学时
4. 装配式建筑工程质量验收	4-2 节点连接质量验收	4-2-3 能进行后浇混凝土质量验收	（1）混凝土强度检验 （2）钢筋保护层厚度检验 （3）位置和尺寸检验	（3）后浇混凝土质量验收	1）混凝土强度检验 ①评定标准 ②取样与试件留置检查数量要求 ③检验方法	（1）方法：讲授法、演示法、实训（练习）法、案例教学法、项目教学法 （2）重点：混凝土验收标准 （3）难点：混凝土强度检验	3
					2）钢筋保护层厚度检验 ①检验原则 ②检查数量要求 ③检验项目及允许偏差要求 ④检验方法		
					3）位置和尺寸检验 ①检验原则 ②检查数量要求 ③检验项目及允许偏差要求 ④检验方法		
		4-2-4 能进行浆料质量验收	（1）灌浆料强度核验 （2）坐浆材料强度核验 （3）灌浆试块检验	（4）浆料质量验收	1）灌浆料强度核验	（1）方法：讲授法、演示法、实训（练习）法、案例教学法、项目教学法 （2）重点与难点：浆料验收标准	3
					2）坐浆材料强度核验		
					3）灌浆试块检验 ①设计要求 ②检查数量要求 ③检验方法		
	4-3 部品及细部工程施工质量验收	4-3-1 能进行部品施工质量验收	（1）部品现场试验 （2）部品隐蔽项目验收	（1）部品施工质量验收	1）部品施工质量验收项目及流程	（1）方法：讲授法、演示法、实训（练习）法、案例教学法、项目教学法 （2）重点与难点：部品施工质量验收标准	2
					2）部品现场试验		
					3）部品隐蔽项目验收		
		4-3-2 能进行细部工程施工质量验收	细部工程施工质量验收	（2）细部工程施工质量验收	1）细部工程施工质量验收项目	（1）方法：讲授法、演示法、实训（练习）法、案例教学法、项目教学法 （2）重点与难点：细部工程施工质量验收标准	2
					2）细部工程施工质量验收规程		

附录 5　二级 / 技师职业技能培训要求与课程规范对照表

2.1.5　二级 / 技师职业技能培训要求				2.2.5　二级 / 技师职业技能培训课程规范			
职业功能模块（模块）	工作内容（课程）	技能目标	培训细目	学习单元	课程内容	培训建议	课堂学时
1．装配式建筑图识读与深化	1-1　装配式建筑图识读	1-1-1　能根据装配式建筑施工图进行构件现场施工顺序设计	根据装配式建筑施工图进行构件现场施工顺序设计	（1）根据装配式建筑施工图进行构件现场施工顺序设计	1）根据装配式建筑施工图进行构件现场施工顺序设计的内容	（1）方法：讲授法、演示法、讨论法、实训（练习）法 （2）重点与难点：根据装配式建筑施工图进行构件现场施工顺序设计	2
					2）根据装配式建筑施工图进行构件现场施工顺序设计的方法		
		1-1-2　能根据施工图确定所需深化的构件及节点	（1）根据施工图确定所需深化的构件 （2）根据施工图确定所需深化的节点	（2）根据施工图确定所需深化的构件及节点	1）根据施工图确定所需深化的构件	（1）方法：讲授法、演示法、讨论法、实训（练习）法 （2）重点与难点：根据施工图确定所需深化的构件及节点	4
					2）根据施工图确定所需深化的节点		
	1-2　装配式建筑构件深化	1-2-1　能进行水平、竖向构件的深化	（1）水平构件的深化 （2）竖向构件的深化	（1）水平构件的深化	1）水平构件的深化内容 ①叠合梁 ②叠合板 ③空调板 ④楼梯	（1）方法：讲授法、演示法、讨论法、实训（练习）法 （2）重点与难点：水平构件的深化	2
					2）水平构件的深化方法 ①叠合梁 ②叠合板 ③空调板 ④楼梯		

续表

2.1.5 二级 / 技师职业技能培训要求				2.2.5 二级 / 技师职业技能培训课程规范			
职业功能模块（模块）	工作内容（课程）	技能目标	培训细目	学习单元	课程内容	培训建议	课堂学时
1. 装配式建筑图识读与深化	1–2 装配式建筑构件深化	1–2–1 能进行水平、竖向构件的深化	（1）水平构件的深化 （2）竖向构件的深化	（2）竖向构件的深化	1）竖向构件的深化内容 ①预制外墙板 ②预制柱 2）竖向构件的深化方法 ①预制外墙板 ②预制柱	（1）方法：讲授法、演示法、讨论法、实训（练习）法 （2）重点与难点：竖向构件的深化	2
		1–2–2 能进行关键节点的深化	关键节点的深化	（3）关键节点的深化	1）关键节点的作用与类别 2）关键节点的深化内容 3）关键节点的深化方法	（1）方法：讲授法、演示法、讨论法、实训（练习）法 （2）重点与难点：关键节点的深化	4
2. 施工组织与管理	2–1 生产与施工管理	2–1–1 能主持一般的装配式工程施工	（1）装配式工程施工技术管理 （2）装配式工程施工进度管理	（1）主持一般的装配式工程结构施工	1）装配式工程施工技术管理 ①施工工艺、技术方案、资源配置要求 ②专项施工技术要求 2）装配式工程施工进度管理 ①进度计划要求 ②进度控制计划要求	（1）方法：讲授法、演示法、讨论法、实训（练习）法、案例教学法、项目教学法、观摩法 （2）重点与难点：装配式工程施工技术管理	4
		2–1–2 能进行各类原材料、半成品、成品的进场管理	（1）施工物资、资料管理 （2）施工材料、构件现场管理	（2）施工物资、资料管理	1）常用施工材料的特性及使用部位的相关规范、标准 2）设备、材料、构件和部品的各种信息数据统计方法 3）物料清单编制方法	（1）方法：讲授法、演示法、讨论法、实训（练习）法、案例教学法、项目教学法、观摩法 （2）重点与难点：材料、构件资料管理	1

续表

2.1.5 二级 / 技师职业技能培训要求				2.2.5 二级 / 技师职业技能培训课程规范			
职业功能模块（模块）	工作内容（课程）	技能目标	培训细目	学习单元	课程内容	培训建议	课堂学时
2. 施工组织与管理	2-1 生产与施工管理	2-1-2 能进行各类原材料、半成品、成品的进场管理	（1）施工物资、资料管理 （2）施工材料、构件现场管理	（3）施工材料、构件现场管理	1）堆场布置管理 2）成品保护管理	（1）方法：讲授法、演示法、讨论法、实训（练习）法、案例教学法、项目教学法、观摩法 （2）重点与难点：施工材料、构件现场堆放	1
		2-1-3 能复核施工机具及临时支撑	（1）施工机具、临时支撑验算 （2）施工机具、临时支撑检查复核	（4）复核施工机具、临时支撑	1）施工机具、临时支撑的验算 ①验算方法 ②施工机具及临时支撑选择要求 ③临时支撑拆除时间的判断方法 2）施工机具、临时支撑的检查复核	（1）方法：讲授法、演示法、讨论法、实训（练习）法、案例教学法、项目教学法、观摩法 （2）重点与难点：机具与临时支撑的复核	4
		2-1-4 能对关键工序进行质量控制	（1）关键工序质量控制 （2）施工中的质量通病处理及预防	（5）关键工序质量控制	1）关键工序质量控制方法 2）施工中的质量通病处理及预防	（1）方法：讲授法、演示法、讨论法、实训（练习）法、案例教学法、项目教学法、观摩法 （2）重点与难点：关键工序施工技术	4
	2-2 隐蔽工程质量验收	2-2-1 能进行钢筋作业质量验收	（1）钢筋质量验收 （2）箍筋弯钩的弯折角度及平直段角度验收 （3）钢筋的连接方式、接头位置、接头数量、接头面积百分率、搭接长度、锚固方式及锚固长度验收	（1）钢筋作业质量验收	1）钢筋质量验收 2）箍筋弯钩的弯折角度及平直段角度验收 3）钢筋的连接方式、接头位置、接头数量、接头面积百分率、搭接长度、锚固方式及锚固长度验收	（1）方法：讲授法、演示法、实训（练习）法、案例教学法、项目教学法、观摩法 （2）重点：隐蔽工程的验收标准 （3）难点：钢筋连接验收	3

续表

<table>
<tr><th colspan="4">2.1.5 二级 / 技师职业技能培训要求</th><th colspan="4">2.2.5 二级 / 技师职业技能培训课程规范</th></tr>
<tr><th>职业功能模块（模块）</th><th>工作内容（课程）</th><th>技能目标</th><th>培训细目</th><th>学习单元</th><th>课程内容</th><th>培训建议</th><th>课堂学时</th></tr>
<tr><td rowspan="11">2. 施工组织与管理</td><td rowspan="11">2-2 隐蔽工程质量验收</td><td rowspan="3">2-2-2 能进行结合面、预埋件、预留管线施工质量验收</td><td rowspan="3">（1）混凝土结合面的粗糙面质量及键槽尺寸、数量、位置验收
（2）预埋件、预留插筋、预留管线的规格、数量验收
（3）预留孔洞的规格、数量、位置验收</td><td rowspan="3">（2）结合面、预埋件、预留管线施工质量验收</td><td>1）混凝土结合面的粗糙面质量及键槽尺寸、数量、位置验收</td><td rowspan="3">（1）方法：讲授法、演示法、实训（练习）法、案例教学法、项目教学法、观摩法
（2）重点：结合面的质量验收
（3）难点：预埋件、预留洞的质量验收</td><td rowspan="3">3</td></tr>
<tr><td>2）预埋件、预留插筋、预留管线的规格、数量验收</td></tr>
<tr><td>3）预留洞的规格、数量、位置验收</td></tr>
<tr><td rowspan="4">2-2-3 能进行灌浆套筒连接、浆锚搭接接头核验及外观质量验收</td><td rowspan="4">（1）灌浆套筒连接接头核验
（2）灌浆套筒外观质量和尺寸精度检验
（3）浆锚搭接接头检验</td><td rowspan="4">（3）灌浆套筒连接、浆锚搭接接头核验及外观质量验收</td><td>1）灌浆套筒连接接头核验</td><td rowspan="4">（1）方法：讲授法、演示法、实训（练习）法、案例教学法、项目教学法、观摩法
（2）重点：隐蔽工程的质量验收
（3）难点：灌浆套筒连接质量验收</td><td rowspan="4">3</td></tr>
<tr><td>2）灌浆套筒外观质量和尺寸精度检验</td></tr>
<tr><td>3）浆锚搭接接头核验</td></tr>
<tr><td>4）浆锚搭接接头外观质量和尺寸精度检验</td></tr>
<tr><td rowspan="4">2-2-4 能进行预制构件的焊接连接、螺栓连接核验及外观质量验收</td><td rowspan="4">（1）机械连接接头质量验收
（2）钢筋焊接连接质量验收
（3）型钢焊接连接质量验收
（4）螺栓连接质量验收</td><td rowspan="4">（4）预制构件的焊接连接、螺栓连接核验及外观质量验收</td><td>1）机械连接接头质量验收</td><td rowspan="4">（1）方法：讲授法、演示法、实训（练习）法、案例教学法、项目教学法、观摩法
（2）重点：型钢焊接连接质量验收
（3）难点：钢筋焊接连接质量验收</td><td rowspan="4">3</td></tr>
<tr><td>2）钢筋焊接连接质量验收</td></tr>
<tr><td>3）型钢焊接连接质量验收</td></tr>
<tr><td>4）螺栓连接质量验收</td></tr>
</table>

续表

2.1.5 二级 / 技师职业技能培训要求				2.2.5 二级 / 技师职业技能培训课程规范			
职业功能模块（模块）	工作内容（课程）	技能目标	培训细目	学习单元	课程内容	培训建议	课堂学时
3.“四新”应用	3-1 构件生产“四新”及信息技术应用	3-1-1 能推广应用构件生产新技术、新工艺、新材料和新设备	构件生产“四新”应用	（1）构件生产“四新”及其应用	1）装配式建筑发展新动态和新趋势 2）装配式构件生产新技术、新材料、新工艺、新设备的发展动态 3）构件生产“四新”应用	（1）方法：讲授法、演示法、实训（练习）法、案例教学法、项目教学法、观摩法 （2）重点与难点：构件生产新技术的运用	4
		3-1-2 能运用信息技术进行构件生产及生产管理	（1）用信息化手段进行生产操作 （2）用信息化手段进行生产管理	（2）运用信息技术进行构件生产及生产管理	1）信息化生产操作知识 2）用信息化手段进行生产操作 3）信息化生产管理知识 4）用信息化手段进行生产管理	（1）方法：讲授法、演示法、实训（练习）法、案例教学法、项目教学法、观摩法 （2）重点与难点：信息技术应用	6
	3-2 装配施工“四新”及信息技术应用	3-2-1 能推广应用装配施工新技术、新工艺、新材料和新设备	装配施工“四新”应用	（1）装配施工“四新”及其应用	1）装配施工新技术、新材料、新工艺、新设备的发展动态 2）装配施工“四新”应用	（1）方法：讲授法、演示法、实训（练习）法、案例教学法、项目教学法、观摩法 （2）重点与难点：装配施工新工艺应用	2
		3-2-2 能优化装配施工管理手段	装配施工信息技术应用	（2）优化施工管理手段	1）装配式建筑施工信息技术应用 2）用信息化手段进行施工管理	（1）方法：讲授法、演示法、实训（练习）法、案例教学法、项目教学法、观摩法 （2）重点与难点：信息技术应用	2

续表

2.1.5 二级／技师职业技能培训要求				2.2.5 二级／技师职业技能培训课程规范			
职业功能模块（模块）	工作内容（课程）	技能目标	培训细目	学习单元	课程内容	培训建议	课堂学时
4. 培训与指导	4-1 理论培训	4-1-1 能对本职业三级／高级工及以下级别人员进行理论培训	理论培训	理论培训	1）培训方案制定 2）理论知识讲解 3）培训现场组织 4）培训效果评价	（1）方法：讲授法、演示法、讨论法、观摩法 （2）重点与难点：培训方案制定	3
	4-2 操作指导	4-1-2 能指导本职业三级／高级工及以下级别人员进行实际操作	操作技能指导	操作技能指导	1）操作演示方法 2）五级／初级工、四级／中级工、三级／高级工实操技能评价	（1）方法：讲授法、演示法、讨论法、观摩法 （2）重点与难点：操作演示方法	3

附录 6 一级／高级技师职业技能培训要求与课程规范对照表

2.1.6 一级／高级技师职业技能培训要求				2.2.6 一级／高级技师职业技能培训课程规范			
职业功能模块（模块）	工作内容（课程）	技能目标	培训细目	学习单元	课程内容	培训建议	课堂学时
1. 技术创新	1-1 构件生产技术创新	1-1-1 能运用信息技术进行预制构件生产过程模拟及方案优化	（1）运用信息技术进行构件生产过程模拟 （2）运用信息技术进行构件生产方案优化	（1）预制构件生产过程模拟及方案优化	1）信息化技术平台运用知识 2）构件生产过程模拟 3）构件生产方案优化	（1）方法：讲授法、演示法、实训（练习）法、案例教学法、项目教学法、观摩法 （2）重点与难点：信息化技术平台运用	8
		1-1-2 能对相关生产设备进行改进与创新	构件生产设备改进与创新	（2）构件生产设备改进与创新	1）生产工艺、生产设备的发展动态 2）生产设备改进 3）生产设备创新	（1）方法：讲授法、演示法、实训（练习）法、案例教学法、项目教学法、观摩法 （2）重点与难点：构件生产设备的改进与创新	8

续表

2.1.6 一级/高级技师职业技能培训要求				2.2.6 一级/高级技师职业技能培训课程规范			
职业功能模块（模块）	工作内容（课程）	技能目标	培训细目	学习单元	课程内容	培训建议	课堂学时
1. 技术创新	1-2 装配施工技术创新	1-2-1 能优化革新装配施工机具、施工工艺	（1）装配施工机具的优化与革新 （2）装配施工工艺的优化与创新	（1）优化、革新装配施工机具、施工工艺	1）装配施工机具的优化与革新 2）装配施工工艺的优化与革新	（1）方法：讲授法、演示法、实训（练习）法、案例教学法、项目教学法、观摩法 （2）重点与难点：装配施工工艺创新	6
		1-2-2 能使用信息技术创新管理手段，比选及优化装配施工方案	（1）利用信息技术创新施工管理手段 （2）利用信息技术比选、优化施工方案	（2）优化施工管理手段	1）利用信息技术创新施工管理手段 2）利用信息技术比选优化施工方案	（1）方法：讲授法、演示法、实训（练习）法、案例教学法、项目教学法、观摩法 （2）重点与难点：比选优化施工方案	4
2. 装配式建筑施工项目管理	2-1 施工工艺管理	2-1-1 能编制施工工艺规程	编制施工工艺规程	（1）施工工艺规程编制	1）工艺规程编制知识 2）编制施工工艺规程	（1）方法：讲授法、演示法、讨论法、实训（练习）法、案例教学法、项目教学法、观摩法 （2）重点与难点：施工工艺流程编制	4
		2-1-2 能按施工组织计划组织施工	按施工组织计划组织施工	（2）按施工组织计划组织施工	1）施工组织及施工组织计划知识 2）按施工组织计划组织施工	（1）方法：讲授法、演示法、讨论法、实训（练习）法、案例教学法、项目教学法、观摩法 （2）重点与难点：按施工组织计划组织施工	4

续表

<table>
<tr><th colspan="4">2.1.6　一级／高级技师职业技能培训要求</th><th colspan="4">2.2.6　一级／高级技师职业技能培训课程规范</th></tr>
<tr><th>职业功能模块（模块）</th><th>工作内容（课程）</th><th>技能目标</th><th>培训细目</th><th>学习单元</th><th>课程内容</th><th>培训建议</th><th>课堂学时</th></tr>
<tr><td rowspan="12">2. 装配式建筑施工项目管理</td><td rowspan="9">2-2　质量管理</td><td rowspan="4">2-2-1　能处理装配式建筑施工常见的质量问题，并制定质量隐患防范措施</td><td rowspan="4">（1）处理构件生产、装配施工常见的质量问题
（2）制定质量隐患防范措施</td><td rowspan="4">（1）装配式建筑施工常见质量问题处理及防范</td><td>1）构件生产常见质量问题及解决方法</td><td rowspan="4">（1）方法：讲授法、演示法、讨论法、实训（练习）法、案例教学法、项目教学法、观摩法
（2）重点与难点：装配式建筑施工常见的质量问题处理</td><td rowspan="4">4</td></tr>
<tr><td>2）装配施工常见质量问题及解决方法</td></tr>
<tr><td>3）构件生产质量隐患防范措施</td></tr>
<tr><td>4）装配施工质量隐患防范措施</td></tr>
<tr><td rowspan="5">2-2-2　能运用全面质量管理知识进行质量分析与控制</td><td rowspan="5">（1）构件生产质量分析与控制
（2）装配施工质量分析与控制
（3）质量保障制度的制定与实施</td><td rowspan="3">（2）质量分析与控制</td><td>1）质量分析知识</td><td rowspan="3">（1）方法：讲授法、讨论法、实训（练习）法
（2）重点：质量控制方法</td><td rowspan="3">2</td></tr>
<tr><td>2）质量控制方法</td></tr>
<tr><td>3）国际质量体系认证知识</td></tr>
<tr><td rowspan="2">（3）质量保障制度的制定与实施</td><td>1）操作规程、质量控制规程制定</td><td rowspan="2">（1）方法：讲授法、讨论法、实训（练习）法
（2）重点与难点：生产质量责任制的制定与落实</td><td rowspan="2">2</td></tr>
<tr><td>2）生产质量责任制的制定与落实</td></tr>
<tr><td rowspan="3">2-3　安全管理</td><td rowspan="3">2-3-1　能辨别装配式建筑施工安全风险类型并提出防范措施</td><td rowspan="3">（1）辨别装配式建筑施工安全风险类型
（2）提出装配式建筑施工安全风险防范措施</td><td rowspan="3">（1）装配式建筑施工安全风险管理</td><td>1）装配式建筑施工安全风险类型</td><td rowspan="3">（1）方法：讲授法、演示法、讨论法、实训（练习）法、案例教学法、项目教学法
（2）重点与难点：安全风险管理</td><td rowspan="3">3</td></tr>
<tr><td>2）装配式建筑施工安全风险识别</td></tr>
<tr><td>3）装配式建筑施工安全风险防范</td></tr>
</table>

续表

2.1.6 一级 / 高级技师职业技能培训要求				2.2.6 一级 / 高级技师职业技能培训课程规范			
职业功能模块（模块）	工作内容（课程）	技能目标	培训细目	学习单元	课程内容	培训建议	课堂学时
2. 装配式建筑施工项目管理	2-3 安全管理	2-3-2 能分析安全管理存在问题的原因，并提出安全管理建议	（1）分析安全管理存在问题的原因 （2）提出安全管理建议	（2）分析安全管理存在问题的原因，并提出安全管理建议	1）分析安全管理存在问题的原因	（1）方法：讲授法、演示法、讨论法、实训（练习）法、案例教学法、项目教学法 （2）重点与难点：安全管理的建议	3
					2）提出安全管理的建议		
	2-4 信息技术应用	2-4-1 能熟悉物联网平台，对材料、设备、构件、部品等质量实现全过程追溯	利用物联网平台，对材料、设备、构件、部品等质量进行全过程追溯	（1）利用物联网平台进行质量全过程追溯	1）物联网平台相关知识	（1）方法：讲授法、演示法、讨论法、实训（练习）法、案例教学法、项目教学法 （2）重点与难点：质量全过程追溯	2
					2）物联网平台相关操作		
					3）质量全过程追溯 ①材料 ②设备 ③构件 ④部品		
		2-4-2 能建立信息化协同工作机制，并使用与之相适应的生产、施工全过程管理平台实现信息共享	（1）建立信息化协同工作机制 （2）使用生产、施工全过程管理平台进行信息共享	（2）建立信息化协同工作机制，实现信息共享	1）建立信息化协同工作机制	（1）方法：讲授法、演示法、讨论法、实训（练习）法、案例教学法、项目教学法 （2）重点：信息化协同工作机制的建立 （3）难点：全过程管理平台应用	4
					2）全过程管理平台应用 ①构件生产全过程管理平台 ②装配施工全过程管理平台		

续表

2.1.6 一级 / 高级技师职业技能培训要求				2.2.6 一级 / 高级技师职业技能培训课程规范			
职业功能模块（模块）	工作内容（课程）	技能目标	培训细目	学习单元	课程内容	培训建议	课堂学时
3. 培训与指导	3–1 理论培训	能对本职业二级/技师及以下级别人员进行理论培训	理论培训教学文件的编制	理论培训教学文件的编制	1）教学计划与大纲的编制方法 2）教案的编写要求和方法 3）教学组织方法 4）教学考核方法	（1）方法：讲授法、演示法、讨论法、观摩法 （2）重点与难点：教学计划与大纲的编制方法	4
	3–2 操作指导	能指导本职业二级/技师及以下级别人员进行实际操作	实训指导文件的编制	实训指导文件的编制	实训教学指导书的编制方法	（1）方法：讲授法、演示法、讨论法、观摩法 （2）重点与难点：实训指导方法运用	2